한국어능력시험

COOL TOPIK

말하기

한글파크

한국어능력시험
COOL TOPIK
— 말하기 —

초판인쇄 2022년 3월 25일
초판발행 2022년 4월 1일

저자 이다슴, 조희영, 김지현
책임편집 양승주, 권이준, 김아영
펴낸이 엄태상
디자인 이건화
조판 이서영
콘텐츠 제작 김선웅, 김현이, 유일환
마케팅 이승욱, 왕성석, 노원준, 조인선, 조성민
경영기획 마정인, 조성근, 최성훈, 정다운, 김다미, 오희연
물류 정종진, 윤덕현, 양희은, 신승진

펴낸곳 한글파크
주소 서울시 종로구 자하문로 300 시사빌딩
주문 및 교재 문의 1588-1582
팩스 0502-989-9592
홈페이지 http://www.sisabooks.com
이메일 book_korean@sisadream.com
등록일자 2000년 8월 17일
등록번호 1-2718호

ISBN 979-11-6734-014-6 (14710)
978-89-5518-533-1 (set)

머리말

기존의 읽기 · 듣기 · 쓰기 영역 중심의 기존 한국어능력 시험 방식으로는 실제 한국어 의사소통 능력을 평가하는 데 한계가 있었습니다. 이러한 문제점을 보완하기 위해 교육부에서는 2022년부터 토픽 말하기 시험을 인터넷 기반 시험(IBT)형태로 운영할 예정이라고 밝혔으며, 2021년 10월에 첫 토픽 말하기 모의시험이 시행되었습니다. 토픽 말하기 시험의 결과는 기존 토픽 시험 결과와 비슷하게 국내 대학 유학 및 취업 등에 활용될 것입니다.

토픽 말하기 시험은 문제 유형마다 말하기 접근 전략이 다르기 때문에 말하기 유형을 아는 것이 가장 중요합니다. 또한, 유형을 익힌 후에는 말하기를 잘하기 위해 연습을 해야 합니다. 말하기를 잘하기 위해서는 발음, 문법, 어휘 등 지금까지 배운 복합적인 한국어 실력이 필요합니다. 발음이나 문법, 어휘 각 분야별로는 잘 알고 있더라도 종합적인 능력을 묻는 말하기에서는 다른 영역보다 좋은 점수를 받지 못하는 경우가 있습니다. 특히 말하기 시험에서 긴장이나 말하기 불안 등의 요인으로 인해 자신의 실력을 제대로 발휘하지 못하기도 합니다.

이 책은 이런 문제점을 직시하고 단순히 말하기 문제가 어떻게 출제되는지 유형을 소개하는 데에 그치지 않고, 그 문제들을 어떻게 학습하고 한국어 말하기 실력을 어떻게 향상시킬지에 대한 구체적인 방향을 제시하고자 합니다. 이를 위해 이 교재에서는 유형별 문제 전략과 함께 필요한 문법과 표현에 대한 설명과 연습 문제를 싣고, 외국인 학습자가 어려워하는 발음 학습을 말하기 클리닉으로 제공하였습니다. 또한, 전반부 문제(1번~3번)에서는 초 · 중 · 고급 학습자 모두 말하기 시험을 준비할 수 있도록 수준별 답변을 수록하였고, 후반부 문제(4번~6번)에서는 중 · 고급 학습자가 단계별 연습을 통해 하나의 완성된 담화를 발화할 수 있도록 핵심 말하기 구조를 제공하였습니다. 이렇게 연습한 것은 실전 모의고사 3회분을 통해 자신의 실력을 실제로 평가할 수 있도록 하였습니다.

토픽 말하기 시험은 그 자체가 목적이 아니라 말하기를 통해 한국 사람과 원활하게 의사소통하고 교류하기 위한 준비 과정입니다. 이 책을 통해 한국어를 공부하는 학습자들의 말하기 자신감이 향상되어 토픽 말하기 시험에서 좋은 성적을 거둘 뿐만 아니라 실질적인 말하기 능력도 키우시기 바랍니다.

2022년 4월 집필진 올림

본 교재는 한국어능력시험(TOPIK) 말하기 시험을 준비하는 외국인 수험생을 위한 종합 학습서입니다. 각 문제별 유형 소개와 분석을 통해서 말하기 전략, 관련 표현, 말하기 구조와 전략, 예상 문제를 통해서 학습하도록 구성하였고, 말하기 클리닉과 합격 노트를 통해서 말하기 시험 대비를 할 수 있도록 구성하였습니다.

유형 소개 및 유형 분석

유형 소개 및 유형 분석

본격적으로 말하기 연습을 하기에 앞서 문제를 소개하고 있습니다. 말하기 준비 시간과 점수, 문제의 특징, 출제 경향, 문제 예시를 통해 말하기 문제를 이해할 수 있습니다.

말하기 전략

고득점 취득을 위한 말하기 전략들을 단계별로 제시하고 있습니다. 실제 말하기 문제를 전략적으로 해결해 가는 과정을 보여주고 있어서 더욱 쉽게 이해할 수 있습니다.

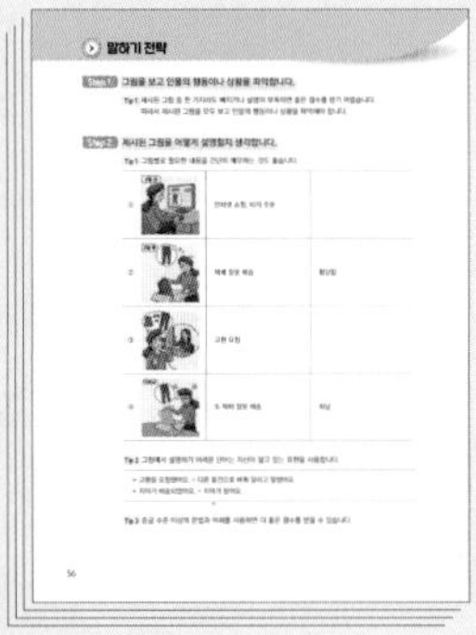
말하기 전략

핵심 표현

핵심 표현

1번 문제부터 3번 문제까지의 말하기 문제에서 활용 가능한 문법들을 제시했습니다. 해당 문법을 이해한 것에 그치지 않고 짧은 문장을 통해 말하기 연습을 할 수 있도록 구성하였습니다.

핵심 말하기 구조

4번 문제부터 6번 문제까지의 말하기 문제에서 활용 가능한 핵심 말하기 구조를 제시했습니다. 논리적인 말하기에 필요한 말하기 구조와 관련 표현들까지 연습할 수 있도록 구성했습니다. 말하기 구조를 통해 보다 쉽게 말하기 답안을 구상할 수 있습니다.

핵심 말하기 구조

실전 말하기 전략

실전 말하기 전략

단계별로 말하기를 연습할 수 있도록 만들었습니다. 화제를 파악하고 말하기 내용을 구성하는 방법, 말하기, 더욱 유창하게 말하기까지 단계별로 차근차근 정확하게 연습할 수 있도록 구성하였습니다.

일러두기

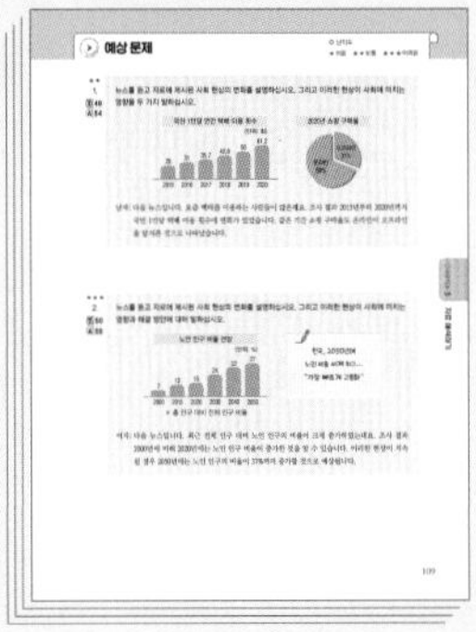

예상 문제

출제 확률이 높은 문제들을 수록하여 실제 말하기 시험을 대비할 수 있도록 만들었습니다.

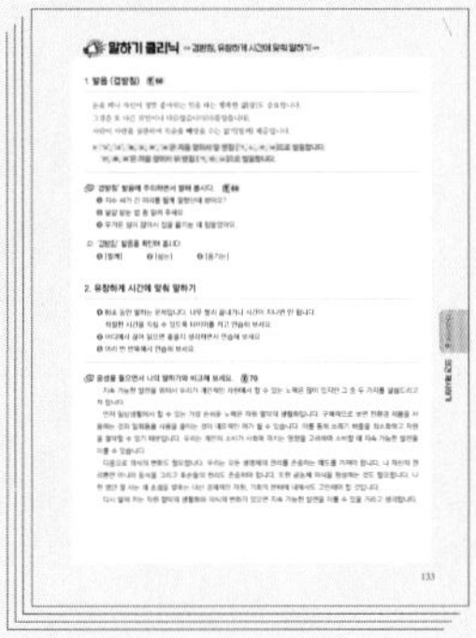

말하기 클리닉

자연스럽게 말하기 위한 음운 규칙, 음운 변동들을 소개하고 있습니다. 앞에서 나왔던 문제의 답안들을 예시로 제시해 더욱 쉽게 이해할 수 있도록 구성하였습니다.

합격 노트

좋은 대답과 나쁜 대답의 예를 제시해 말하기 시험을 준비하는 수험자의 말하기 습관을 점검해 볼 수 있도록 만들었습니다. 좋은 예와 나쁜 예의 이유를 제시해 실제 TOPIK 말하기 시험을 대비할 수 있도록 하였습니다. 또한, TOPIK 말하기 시험에 필요한 이론들을 함께 준비했습니다.

수준별 학습 가능 : 초급/중·고급 답안의 이원화

문제 1번, 2번, 3번의 경우 초급과 중 · 고급의 답안을 구별해 다양한 수준의 답안을 연습할 수 있도록 구성하였습니다.

실전 모의고사

다양한 예상 문제와 함께 실전 모의고사 3회분을 수록하였습니다.

❶ 시험 목적

한국어를 모국어로 하지 않는 재외동포나 외국인에게 의사소통 중심 한국어 학습 방향을 제시하고 한국어로 의사소통하는 능력을 측정하고 평가하여 그 결과를 한국의 대학 유학 및 취업 등에 활용하기 위해 실시됩니다.

❷ 유효 기간

성적 발표일로부터 2년간 유효합니다.

❸ 시험 시간

시간	내용
11:00	입실
11:00~11:20	본인 확인 및 유의 사항 안내
11:20	시험 진행
11:50	시험 종료

❹ 시험 구성

문항	유형	수준	준비 시간	응답 시간
1	질문에 대답하기	초급	20초	30초
2	그림 보고 역할 수행하기		30초	40초
3	그림 보고 이야기하기	중급	40초	60초
4	대화 완성하기		40초	60초
5	자료 해석하기	고급	70초	80초
6	의견 제시하기		70초	80초

※ 시험을 보기 전, 마이크 확인용으로 연습 문제가 있습니다. 이 문제는 시험 점수에 들어가지 않습니다.

예 이름이 뭐예요?

※ 시험 녹음이 끝난 후에 자신의 녹음을 들어볼 수 있는 시간이 있습니다. 이때는 녹음을 수정할 수 없고 확인만 가능합니다.

❺ 등급 체계

등급	점수
불합격	0점 ~ 19점
1급	20점 ~ 49점
2급	50점 ~ 89점
3급	90점 ~ 109점

등급	점수
4급	110점 ~ 129점
5급	130점 ~ 159점
6급	160점 ~ 200점

등급	등급 기술
6급	- 사회적 화제 및 추상적 화제에 대해 논리적이고 설득력 있게 말할 수 있다. - 오류가 거의 나타나지 않으며, 매우 다양한 어휘와 문법을 활용하여 담화 상황에 맞게 사용할 수 있다. - 발음, 억양, 속도가 자연스러워 발화 전달력이 우수하다.
5급	- 사회적 화제 및 일부 추상적 화제에 대해 비교적 논리적이고 일관되게 말할 수 있다. - 오류가 간혹 나타나지만 다양한 어휘와 표현을 담화 상황에 맞게 사용할 수 있다. - 발음, 억양, 속도가 대체로 자연스러워 발화 전달력이 양호하다.
4급	- 일부 사회적 화제에 대해 대체로 구체적이고 조리 있게 말할 수 있다. - 오류가 때때로 나타나지만 다양한 어휘와 표현을 대체로 담화 상황에 맞게 사용할 수 있다. - 발음, 억양, 속도가 비교적 자연스러워 의미 전달에 문제가 거의 없다.
3급	- 친숙한 사회적 화제에 대해 비교적 구체적으로 말할 수 있다. - 오류가 때때로 나타나지만 어느 정도 다양한 어휘와 표현을 비교적 담화 상황에 맞게 사용할 수 있다. - 발음과 억양, 속도가 다소 부자연스럽지만 의미 전달에 큰 문제가 없다.
2급	- 자주 접하는 사회적 상황에서 일상적 화제에 대해 묻거나 답할 수 있다. - 언어 사용이 제한적이고 담화 상황에 맞지 않는 경우가 있으며 오류가 잦다. - 발음, 억양, 속도가 부자연스러워 의미 전달에 다소 문제가 있다.
1급	- 친숙한 일상적 화제에 대해 질문을 듣고 간단하게 답할 수 있다. - 언어 사용이 매우 제한적이며 오류가 빈번하다. - 발음, 억양, 속도가 매우 부자연스러워 의미 전달에 문제가 있다.

❻ 평가 요소

평가 요소	내용
내용 및 과제 수행	- 과제에 적절한 내용으로 표현하였는가? - 주어진 과제를 풍부한 내용으로 충실하게 수행하였는가? - 담화 구성이 조직적으로 잘 이루어졌는가?
언어 사용	- 담화 상황에 적합한 언어를 사용하였는가? - 어휘와 표현을 다양하고 풍부하게 사용하였는가? - 어휘와 표현을 정확하게 구사하였는가?
발화 전달력	- 발음과 억양이 어느 정도 이해 가능한가? - 발음 속도가 자연스러운가?

⑦ 시험 당일 유의 사항

준비물: 수험표, 신분증

– 기간만료 전의 여권, 외국인 등록증, 외국국적동포 국내거소신고증, 영주증, 대한민국 주민등록증(발급신청서), 대한민국 운전면허증, 복지카드(장애인등록증), 청소년증(발급신청확인서), 한국어능력시험 신원확인인증명서 중 하나의 신분증을 지참합니다.

입실시간 준수

– 입실 완료 시간(11:00) 이후에는 입실이 불가능합니다.

마이크 확인

– 시험 시작 전 자신의 컴퓨터 마이크를 확인하는 시간이 있습니다. 혹시 마이크가 잘 작동하지 않으면 감독관에게 말하면 됩니다.

재녹음 불가

– 제한된 시간 내에 녹음을 할 수 있으며, 해당 문제가 끝난 후 재녹음이 불가능합니다.

목차

Chapter 1 질문에 대답하기

Chapter 2 그림 보고 역할 수행하기

Chapter 3 그림 보고 이야기하기

Chapter 4 대화 완성하기

CHAPTER

1

질문에 대답하기

- 유형 소개 및 유형 분석
- 말하기 전략
- 핵심 표현
- 실전 말하기 전략
- 예상 문제
- 말하기 클리닉 (연음, ㅎ탈락)
- 합격 노트 (비격식적 구어체)

유형 소개

연습 > 1 > 2 > 3 > 4 > 5 > 6　　음량조절

1번 질문을 듣고 대답하십시오.
20초 동안 준비하십시오. '삐' 소리가 끝나면 30초 동안 말하십시오.

질문　준비 (00:20)　답변 (00:30)

연습 > 1 > 2 > 3 > 4 > 5 > 6　　음량조절

1번 질문을 듣고 대답하십시오.
20초 동안 준비하십시오. '삐' 소리가 끝나면 30초 동안 말하십시오.

가장 친한 친구가 누구예요? 그 친구에 대해 이야기하세요.
(화면에는 질문이 보이지 않습니다.)

질문　준비 (00:20)　답변 (00:30)

연습 > 1 > 2 > 3 > 4 > 5 > 6　　음량조절

1번 질문을 듣고 대답하십시오.
20초 동안 준비하십시오. '삐' 소리가 끝나면 30초 동안 말하십시오.

가장 친한 친구가 누구예요? 그 친구에 대해 이야기하세요.
(화면에는 질문이 보이지 않습니다.)

질문　준비 (00:20)　답변 (00:30)

유형 분석

- 1번 문항은 일상생활과 관련된 짧은 질문을 듣고 말하는 문제입니다.
- 자기 자신, 친구와 가족 등과 같은 가까운 사람, 사물, 일상, 과거의 경험, 미래 계획 등에 대해서 소개하는 문제가 출제될 수 있습니다.
- 20초 동안 준비하고 30초 동안 대답을 합니다.
- 점수는 9점입니다.

문제 예시

가장 친한 친구가 누구예요? 그 친구에 대해 이야기하세요.

주말에 여행을 갈 거예요. 여행 계획에 대해 이야기하세요.

가장 기억에 남는 선물이 뭐예요? 그 선물에 대해 이야기하세요.

말하기 전략

Step 1. 문제를 듣고 화제를 파악합니다.

가장 친한 친구가 누구예요? 그 친구에 대해 이야기하세요.

✔ 친한 친구

주말에 여행을 갈 거예요. 여행 계획에 대해 이야기하세요.

✔ 주말 여행 계획

가장 기억에 남는 선물이 뭐예요? 그 선물에 대해 이야기하세요.

✔ 기억에 남는 선물

Step 2. 준비 시간 동안 화제와 관련된 세부 내용을 2~3가지 생각합니다.

가장 친한 친구가 누구예요? 그 친구에 대해 이야기하세요.

✔ 친한 친구 이름, 친구와 알게 된 계기, 친구의 성격

주말에 여행을 갈 거예요. 여행 계획에 대해 이야기하세요.

✔ 여행 가고 싶은 장소, 하고 싶은 일, 준비할 것

가장 기억에 남는 선물이 뭐예요? 그 선물에 대해 이야기하세요.

✔ 기억에 남는 선물, 선물에 대한 설명, 기억에 남는 이유

Step 3. 세부 내용과 관련된 키워드들을 메모한 후 짧은 문장으로 정리합니다.

Step 4. 화면에 제시된 질문을 활용하여 "(화제)은/는 (　　　　)이에요/예요."로 말하기를 시작합니다. 그 후에 그 내용에 대해서 구체적으로 설명을 합니다.

가장 친한 친구가 누구예요? 그 친구에 대해 이야기하세요.

화제 / 세부 내용	✎	🎙
화제 친한 친구 **세부 내용** • 친한 친구 이름 • 알게 된 계기 • 친구의 성격	• 민수 • 언어 교환 • 부지런하다, 긍정적이다	• 가장 친한 친구는 민수예요. • 언어 교환을 하면서 민수와 친해졌어요. • 민수는 부지런한 친구예요. • 그리고 항상 긍정적이에요.

주말에 여행을 갈 거예요. 여행 계획에 대해 이야기하세요.

화제 / 세부 내용	✎	🎙
화제 주말 여행 계획 **세부 내용** • 가고 싶은 곳 • 하고 싶은 일 • 준비할 것	• 경주 • 사진, 박물관 • 운동화, 보조 배터리, 기차표	• 주말에 여행 가고 싶은 곳은 경주예요. • 그곳에서 하고 싶은 일은 사진 찍기와 박물관에 가는 거예요. • 경주에 여행 갈 때 준비할 것은 운동화와 보조 배터리 그리고 기차표예요.

Tip "(주말 여행 계획)은 (경주)예요." → 이렇게 말하면 안 돼요!
계획을 말할 때는 "(　　)고 싶은 곳(장소)은 (　　)이에요/예요.", "(　　)고 싶은 것(대상)은 (　　)이에요/예요."로 말하세요.
예 여행하고 싶은 곳은 경주예요. / 거기에서 먹고 싶은 것은 비빔밥이에요.

가장 기억에 남는 선물이 뭐예요? 그 선물에 대해 이야기하세요.

화제 / 세부 내용	✎	🎙
화제 기억에 남는 선물 **세부 내용** • 기억에 남는 선물 • 선물에 대한 설명 • 기억에 남는 이유	• 지갑 • 검정색, 긴 모양 • 졸업 선물	• 기억에 남는 선물은 지갑이에요. • 그 지갑은 검정색 긴 모양 지갑이었어요. • 그 지갑이 기억에 남는 이유는 어머니께서 졸업 선물로 주셨기 때문이에요.

핵심 표현

1번 문항에서 자주 사용되는 표현입니다. 핵심 표현을 활용하여 말하기를 할 수 있도록 준비해 보세요.

쓰지 말고 대답해 보세요.

1 경험(과거)

① -았/었-	상황이나 사건이 과거에 일어났을 때 사용하는 표현

예문 저는 지난달에 한국에 **왔어요.**
작년 겨울에 서울은 정말 **추웠어요.**

가: 어제 뭐 **했어요?**
나: ❶ (   ). (영화를 보다)

② -아/어 보다	특별한 경험을 말할 때 사용하는 표현

예문 저는 부산에 **가 봤어요.**
아르바이트를 **해 봤어요.**

가: 매운 음식을 **먹어 봤어요**?
나: 네, ❷ (   ). (김치찌개를 먹다)

③ -(으)ㄴ 적이 있다 ↔ 없다	과거에 있었던 일, 경험을 나타낼 때 사용하는 표현

예문 저는 약속을 **잊어버린 적이 있어요.**
저는 한국 음식을 **먹어본 적이 없어요.**

가: 제주도에 **가 본 적이 있어요**?
나: 아니요, ❸ (   ). (제주도에 가 보다)

2 계획(미래 1)

① -(으)ㄹ 거예요	미래에 할 행동을 나타낼 때 사용하는 표현

예문 저는 바닷가에서 **산책할 거예요.**
이제 술을 마시지 **않을 거예요.**

가: 이번 주말에 뭐 할 거예요?
나: ❹ (   ). (친구하고 놀다)

② **-(으)려고 하다**	어떤 행동의 의도를 나타낼 때 사용하는 표현

예 문 한국어 책을 **읽으려고 해요.**
어제 한국 친구와 영화를 보러 **가려고 했어요.** 그런데 약속을 잊어버렸어요.

가: 올해 어떤 계획이 있어요?
나: 저는 ❺ (   ). (살을 빼다)
그래서 지금 열심히 운동하고 있어요.

③ **-(으)ㄹ까 하다**	약한 확신을 가진 의지를 나타낼 때 사용하는 표현

예 문 내년에 유럽 여행을 **갈까 해요.**
오늘 저녁에 K-POP 음악을 **들을까 해요.**

가: 수업 후에 뭐 먹을 거예요?
나: 음, ❻ (   ). (피자를 먹다)

3 희망(미래 2)

① **-고 싶다**	말하는 사람의 희망을 나타낼 때 사용하는 표현

예 문 저는 제주도에 **가고 싶어요.**
저는 돈을 많이 **벌고 싶어요.**

가: 우리 점심에 뭐 먹을까요?
나: 김밥 어때요? 저는 ❼ (   ). (김밥을 먹다)

② **-았/었으면 좋겠다**	말하는 사람의 희망이나 현실과 다른 상황의 바람을 나타낼 때 사용하는 표현 ※ '-(으)면 좋겠다'를 사용해도 됩니다.

예 문 한국 회사에 **취직했으면 좋겠어요.** / 한국 회사에 **취직하면 좋겠어요.**
휴가가 **길었으면 좋겠어요.** / 휴가가 **길면 좋겠어요.**

가: 생일 선물로 뭘 받고 싶어요?
나: ❽ (   ). (신발을 받다)

4 일시(언제)

-(으)ㄹ 때	어떤 행위나 상황이 일어나는 순간이나 과거에 어떤 행위나 상황이 일어난 시간을 나타낼 때 사용하는 표현 ※ 'N(명사)'는 'N 때'로 쓸 수 있습니다.

예문 여행을 **갈 때** 여권을 준비해야 해요.
시간이 **있을 때** 영화를 봐요.
고등학생 **때** 규칙을 어긴 적이 있어요.
처음 한국에 **왔을 때** 한국어를 잘 못해서 힘들었어요.

가: ❾ (   ) 어떻게 해요? (부모님이 보고 싶다)
나: 저는 부모님 사진을 봐요.

❿ (   ) 병원에 가야 해요. (감기에 걸리다)

5 이유

① -아/어서	어떤 일의 이유나 원인을 나타낼 때 사용하는 표현 ※ 순서를 나타내는 표현은 문제 3번 관련 표현 참고 p.58

예문 어제 비가 많이 **와서** 우산을 샀어요.
상한 음식을 **먹어서** 배탈이 났어요.
저는 한국 문화를 **좋아해서** 한국어 선생님이 되고 싶어요.
저는 배가 **아파서** 병원에 간 적이 있어요.

가: 내일 뭐 할 거예요?
나: 내일은 ⓫ (   ) 생일 파티를 할 거예요. (친구 생일이다)

② -(으)니까	어떤 일의 이유나 원인을 나타낼 때 사용하는 표현

예문 날씨가 **좋으니까** 산책하러 가요.
길이 **막히니까** 지하철을 탑시다.
여기는 도서관**이니까** 조용히 하세요.

가: 어디에서 점심을 먹을까요?
나: ⓬ (   ) 거기로 가요. (학생 식당 음식이 맛있다)

③ -느라(고)	부정적인 결과에 대한 이유나 원인을 나타낼 때 사용하는 표현 ※ 말할 때는 '-느라'를 더 많이 사용합니다.

예문 영화를 **보느라** 전화 소리를 못 들었어요.
책을 **읽느라** 친구와의 약속도 잊어버렸어요.
밤늦게까지 친구와 **노느라** 집에 늦게 들어갔어요.

가: 아까 왜 전화를 안 받았어요?
나: ⑬ (   ) 전화를 못 받았어요. 미안해요. (샤워하다)

④ -는 바람에	부정적인 결과나 예상하지 못했던 결과에 대한 이유나 원인을 나타낼 때 사용하는 표현

예문 갑자기 비가 **내리는 바람에** 여행을 못했어요.
휴대폰을 **잃어버리는 바람에** 문자를 보낼 수 없었어요.

가: 수지 씨가 왜 화가 났어요?
나: 제가 ⑭ (   ) 수지 씨가 화가 났어요. (약속을 어기다)

6 당위

-아/어야 하다	필요하거나 의무적인 행동이나 반드시 갖춰야 할 상태를 나타낼 때 사용하는 표현

예문 10시까지 기숙사에 **들어와야 해요.**
농구 선수는 키가 **커야 해요.**

한국어 선생님이 되려면 한국어를 열심히 ⑮ (   ). (공부하다)

7 금지

-(으)면 안 되다	금지나 제한을 나타낼 때 사용하는 표현

예문 기숙사에서 담배를 **피우면 안 돼요.**
라면을 끓일 때 물을 너무 많이 **넣으면 안 돼요.**
의사 선생님께서 밥을 먹지 않고 약을 **먹으면 안 된다**고 했어요.

가: 도서관에서 ⑯ (   ). 조용히 해 주세요. (떠들다)
나: 네, 죄송합니다.

정답 풀이

❶ 영화를 봤어요
❷ 김치찌개를 먹어 봤어요
❸ 제주도에 가 본 적이 없어요
❹ 친구하고 놀 거예요
❺ 살을 빼려고 해요
❻ 피자를 먹을까 해요
❼ 김밥을 먹고 싶어요
❽ 저는 신발을 받았으면 좋겠어요 / 저는 신발을 받으면 좋겠어요
❾ 부모님이 보고 싶을 때
❿ 감기에 걸렸을 때
⓫ 친구 생일이라서
⓬ 학생 식당 음식이 맛있으니까
⓭ 샤워하느라
⓮ 약속을 어기는 바람에
⓯ 공부해야 해요
⓰ 떠들면 안 돼요

실전 말하기 전략

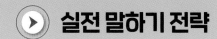

앞서 학습한 말하기 전략을 활용하여 단계별로 말하기 대답을 구성해 보세요.

- 1번 문항은 일상생활과 관련된 짧은 질문을 듣고 말하는 문제입니다.
  질문을 잘 듣고 대답해 보세요.

미래에 가지고 싶은 직업이 뭐예요? 그 직업에 대해 이야기하세요.

1단계 화제를 파악합니다.

미래에 가지고 싶은 직업

2단계 이야기할 세부 내용을 생각해 봅시다.

① 미래에 가지고 싶은 직업
② 그 직업을 가지고 싶은 이유
③ 그 직업을 가지기 위해 해야 할 일

3단계 세부 내용을 말하기 위한 키워드를 메모해 봅시다.

한국어 선생님
한국어, 한국 문화 좋아하다.
한국어 공부, 드라마, 영화

4단계 필요한 표현을 생각해 봅시다.

미래에 가지고 싶은 직업	→	-(으)려고 하다, -고 싶다
그 직업을 가지고 싶은 **이유**	→	-아/어서
그 직업을 가지기 위해 **해야 할 일**	→	-아/어야/해야 하다

5단계 마음속으로 문장을 정리해 봅시다.

한국어 선생님이 되고 싶어요.
한국어와 한국 문화를 좋아해서 한국어를 가르치고 싶어요.
한국어 공부를 열심히 해야 해요. 한국 드라마와 영화를 보고 연습을 하고 있어요.

6단계 ▶ 메모를 보면서 실제로 말해 봅시다. A 01

저는 한국어 선생님이 되고 싶어요. 저는 한국어와 한국 문화를 좋아해요. 그래서 다른 사람에게 한국어를 가르치고 싶어요. 아직은 한국어를 잘하지 못해요. 하지만 열심히 노력해서 한국어를 더 잘하고 싶어요. 한국어를 잘하기 위해 꾸준히 한국어를 공부해야 해요. 한국 드라마나 영화를 보고 한국어 듣기, 말하기 연습도 열심히 할 거예요.

7단계 ▶ 유창하게 말해 봅시다. (Level up) A 02

저는 나중에 한국어 선생님이 되려고 해요. 저는 고등학생 때부터 한국어와 한국 문화에 관심이 많았어요. 그래서 한국어를 공부하게 되었어요. 한국어는 공부를 하면 할수록 더 재미있어요. 그래서 한국어를 재미있게 가르칠 수 있는 선생님이 되고 싶어요. 한국어 선생님이 되기 위해서 가장 중요한 건 한국어 실력이에요. 그래서 한국 드라마와 영화도 자주 보고, 한국 친구와 언어 교환도 하면서 듣기랑 말하기 연습을 하고 있어요.

연습 문제 ①

가장 기억에 남는 선물이 뭐예요? 그 선물에 대해 이야기하세요.

1단계 화제를 파악합니다.

2단계 이야기할 세부 내용을 생각해 봅시다.

3단계 세부 내용을 말하기 위한 키워드를 메모해 봅시다.

4단계 필요한 표현을 생각해 봅시다.

5단계 마음속으로 문장을 정리해 봅시다.

6단계 메모를 보면서 실제로 말해 봅시다. A 03

가장 기억에 남는 선물은 (   )이에요/예요.

그 (선물   )은/는 (언제   ) (누가   ) 선물해 줬어요/주셨어요.

그 (선물   )은/는 (모양, 색깔 등   )이에요/예요.

(이유   ) 그래서 그 선물이 가장 기억에 남아요.

연습 문제 ②

취미가 뭐예요? 여러분의 취미에 대해서 이야기하세요.

1단계 ▶ 화제를 파악합니다.

2단계 ▶ 이야기할 세부 내용을 생각해 봅시다.

3단계 ▶ 세부 내용을 말하기 위한 키워드를 메모해 봅시다.

4단계 ▶ 필요한 표현을 생각해 봅시다.

5단계 ▶ 마음속으로 문장을 정리해 봅시다.

6단계 ▶ 메모를 보면서 실제로 말해 봅시다. A 04

제 취미는 (취미: 독서, 음악 감상 등)이에요/예요.

저는 (언제) (누구)와/과 (취미)을/를 해요.

그 취미가 좋은 이유는 (이유 1), (이유 2)이에요/예요. 그리고 (이유 3).

그래서 저는 (취미)을/를 아주 좋아해요.

연습 문제 ③

한국에서 아팠던 적이 있어요? 그 경험에 대해 이야기하세요.

1단계 화제를 파악합니다.

2단계 이야기할 세부 내용을 생각해 봅시다.

3단계 세부 내용을 말하기 위한 키워드를 메모해 봅시다.

4단계 필요한 표현을 생각해 봅시다.

5단계 마음속으로 문장을 정리해 봅시다.

6단계 메모를 보면서 실제로 말해 봅시다. A 05

저는 (증상)아/어서 병원에 간 적이 있어요.

(증상이 나타난 이유) 그래서 (증상).

(치료 방법 1), (치료 방법 2)(으)니까 괜찮아졌어요.

예상 문제

◎ 난이도
★쉬움 ★★보통 ★★★어려움

★
1. 한국에 와서 힘들었던 일이 뭐예요? 그 일에 대해 이야기하세요.

T 01
A 06

<힌트>
① 힘들었던 경험
② 힘들었던 이유
③ 해결 방법

★
2. 고향이 어디예요? 여러분의 고향에 대해 이야기하세요.

T 02
A 07

<힌트>
① 나의 고향
② 고향의 날씨
③ 고향에서 유명한 곳

★
3. 다음 주말에 뭐 할 거예요? 주말 계획에 대해 이야기하세요.

T 03
A 08

<힌트>
① 주말 계획
② 그것을 하는 이유
③ 주말 일정

★★
4. 실수한 경험이 있어요? 그 경험에 대해 이야기하세요.

T 04
A 09

<힌트>
① 실수한 경험
② 실수한 이유
③ 해결 방법

★★
5. 규칙을 어긴 적이 있어요? 그 경험에 대해 이야기하세요.

T 05
A 10

<힌트>
① 규칙을 어긴 경험
② 규칙을 어긴 때, 이유
③ 결과

★
6. 주말에 생일 파티를 할 거예요. 생일 파티 계획에 대해 이야기하세요.

T 06
A 11

<힌트>
① 초대할 사람
② 파티에서 할 일
③ 받고 싶은 선물

★★
7. 시간이 있을 때 하는 일이 있어요? 그 일에 대해 이야기하세요.

T 07
A 12

<힌트>
① 시간이 있을 때 하는 일
② 그 일의 좋은 점
③ 그 일을 추천하고 싶은 사람

★
8. 물건을 잃어버린 적이 있어요? 그 경험에 대해 이야기하세요.

T 08
A 13

<힌트>
① 물건을 잃어버린 경험
② 잃어버린 때
③ 잃어버린 물건 설명

★
9. 앞으로 여행하고 싶은 곳이 있어요? 그곳에 대해 이야기하세요.

T 09
A 14

<힌트>
① 여행하고 싶은 장소
② 여행하고 싶은 이유
③ 그곳에서 할 일

★★
10. 내년 계획이 있어요? 그 계획에 대해 이야기하세요.

T 10
A 15

<힌트>
① 내년 계획
② 그 일을 하고 싶은 이유
③ 그 일을 이루기 위한 노력

말하기 클리닉 - 연음, ㅎ탈락 -

1. 발음 (연음) T 11

가장 **기억에**[기어게] 남는 **선물은**[선무른] **지갑이에요**[지가비에요].
한국어[한구거]를 공부할 때 **힘들었어요**[힘드러써요].

▶ 받침 뒤 음절이 모음으로 시작하면 앞에 오는 받침이 뒤 음절의 첫 소리로 발음됩니다.

'연음' 발음에 주의하면서 말해 봅시다. T 12

❶ 저는 기숙사 **규칙을** 어긴 **적이 있어요.**
❷ 제 생일 파티에 흐엉 씨와 미나코 씨를 초대하고 **싶어요.**
❸ 저는 TOPIK **3급을** 꼭 따고 **싶었는데** 두 번이나 **떨어졌어요.**

➡ '연음' 발음을 확인해 봅시다.

❶ [규치글], [저기], [이써요]
❷ [시퍼요]
❸ [삼그블], [시펀는데], [떠러져써요]

2. 발음 (ㅎ 탈락) T 13

겨울에는 눈이 잘 내리지 **않아요**[아나요].
스트레스가 **많은**[마는] 사람들에게 캠핑을 추천하고 싶어요.

▶ 모음 앞에 있는 받침 'ㅎ'은 발음하지 않습니다.

'ㅎ탈락'과 '연음' 발음에 주의하면서 말해 봅시다. T 14

❶ 그 일 이후로 기숙사 **규칙을** 어기지 **않았어요.**
❷ 일상 **속에서 쌓인** 스트레스가 모두 사라지는 것 **같아요.**
❸ 작년에 **공원에서 산책을** 하다가 휴대전화를 **잃어버렸어요.**

➡ 'ㅎ탈락'과 '연음' 발음을 확인해 봅시다.

❶ [규치글], [아나써요]
❷ [소게서], [싸인], [가타요]
❸ [공워네서], [산채글], [이러버려써요]

PASS 합격 노트

좋은 대답 ☺ 나쁜 대답 ☹

앞으로 여행하고 싶은 곳이 있어요? 그곳에 대해 이야기해 보세요.

대답 1	전주 여행했어요.	☹
	✔ 시제에 맞게 이야기해 주세요. '소망' 또는 '계획'은 미래 시제를 사용해서 말해야 합니다.	
	네, 전주예요.	😐
	✔ '네, 아니요'로만 대답하지 마세요.'-고 싶다', '-아/어 보고 싶다' 등 다양한 핵심 표현을 사용해서 말하는 게 좋아요.	
	저는 전주를 여행하고 싶어요. / 저는 전주에 가 보고 싶어요.	☺
대답 2	전주는 예뻐요. 하지만 서울을 더 좋아해요.	☹
	✔ 통일성을 해치는 내용을 말하지 않습니다. 화제와 관련된 말하기를 합니다.	
	전주는 너무 예뻐서 가 보고 싶어요.	😐
	✔ 답변 시간을 고려해 다양하고 풍부하게 이유를 말하면 좋습니다.	
	전주에 다녀 온 친구가 저에게 사진을 보여줬는데 전주는 너무 예쁘고 음식도 맛있어 보였어요. 그래서 전주에 꼭 가 보고 싶어요.	☺
	✔ 다양한 이유를 말한 뒤, '그래서 꼭 -고 싶다'와 같이 나의 의견을 다시 강조해도 좋습니다.	
대답 3	거기에서 구경하고 싶어요.	☹
	✔ 가고 싶은 이유를 말한 뒤 그곳에 가면 무엇을 하고 싶은지 구체적으로 말해 보세요.	
	거기에서 구경도 하고 사진도 찍고 싶어요. 그리고 한정식도 먹고 싶어요. 그리고 한복도 입고 싶어요.	😐
	✔ 동일한 표현을 계속 사용하는 것보다 다양한 표현 및 문법을 사용해서 대답하는게 좋습니다.	
	거기에서 먼저 친구가 추천해 준 한정식을 먹을 거예요. 친구가 불고기와 반찬이 아주 맛있다고 했거든요. 그리고 한복을 입고 사진도 많이 찍고 싶어요.	☺

비격식적 구어체

▶ 한국어는 '말하기'와 '쓰기'에서 사용하는 표현이 조금 다릅니다.

쓰기 (문어체)	**나**는 친구**와** 토요일 아침에 영화를 보러 가려고 했**다.**
말하기 (구어체)	**저**는 친구**하고** / 친구**랑** 토요일 아침에 영화를 보러 가려고 했**어요.**
	(나 → 저) (와/과 → 하고, (이)랑) (-다 → -아/어요)

▶ 말하기 시험에서는 '구어체'를 사용합니다. 1, 2번 문제는 '비격식적 구어체'를 써도 괜찮습니다.
(뒤에서 공부할 3~6번 문제는 '격식적 구어체'를 사용할 거예요.)

1. 문장의 끝부분에 있는 서술어는 '-아/어요'로 써야 합니다.

저는 한국 사람**이에요.**

2. 말하기를 할 때는 줄여서 써도 됩니다.

시간이 있을 때 **뭐** 해요?
(무엇)

그건 제가 가장 좋아하는 지갑이었어요.
(그것은)

요즘 제가 **좀** 바빠서 운동을 못 하고 있어요.
(조금)

▶ 말하기에서만 사용할 수 있는 '줄임 표현'을 알아봅시다.

문어체	구어체
것이, 것을, 것은	게, 걸, 건
무엇(이), 무엇을	뭐(가), 뭘
이것은, 그것은	이건, 그건
이러한, 그러한	이런, 그런

▶ 1, 2번 문제에서 자연스럽게 사용할 수 있는 '구어체 문법 표현'을 한번 알아봅시다.

-(으)ㄴ가/나 보다	한국의 겨울은 많이 **추운가 봐요.** 지금 밖에서 공연을 **하나 봐요.**
-(으)ㄹ 걸 그랬어요	그때 열심히 공부하지 않아서 저는 시험에서 떨어지고 말았어요. 그때 열심히 **공부할 걸 그랬어요.**
-거든요	가: 왜 친구와 함께 쇼핑을 해요? 나: 친구하고 같이 쇼핑하면 저에게 어울리는 옷을 고를 수 **있거든요.**
-고요	선생님께서 열심히 공부하라고 하셨어요. 그리고 즐겁게 공부하는 게 중요하다고도 **하셨고요.**
-더라고요	지난달에 제주도에 갔는데 경치가 정말 **아름답더라고요.**
얼마나 -(으)ㄴ/는지 몰라요	제주도는 **얼마나 아름다운지 몰라요.**
-잖아요	요즘 사람들은 스트레스를 많이 **받잖아요.** 그래서 그 사람들에게 캠핑을 추천하고 싶어요.
-지 뭐예요	약속을 잊어버리고 토요일에 늦잠을 **잤지 뭐예요.**
-지요	누구나 TOPIK 시험에서 좋은 점수를 받고 **싶겠지요.** 하지만 좋은 점수를 받기 위해서는 열심히 노력해야 해요.

▶ 말하기에서 자주 사용되는'어휘 표현'은 무엇이 있을까요?

구어체	예문
제일	친구가 **제일** 좋아하는 식당에서 밥을 샀어요.
진짜, 엄청, 굉장히, 너무	제주도에 안 가 봐서 **진짜** 기대돼요.
그래서	부산은 날씨가 따뜻한 편이에요. **그래서** 겨울에는 눈이 잘 내리지 않아요.
한테	저는 친구**한테** 전화했어요.
하고, (이)랑	친구**하고** 저는 쇼핑하기가 취미예요.
아무튼	**아무튼** 저는 그 날을 잊을 수가 없어요.
여기, 거기, 저기	**거기**에 꼭 가 보고 싶어요.

CHAPTER 2

그림 보고 역할 수행하기

- 유형 소개 및 유형 분석
- 말하기 전략
- 핵심 표현
- 실전 말하기 전략
- 예상 문제
- 말하기 클리닉 (경음화, 유창하게 끊어 말하기)
- 합격 노트 (반말)

유형 소개 및 유형 분석

유형 소개

연습 > 1 > 2 > 3 > 4 > 5 > 6 음량조절

2번 그림을 보고 질문에 대답하십시오.
30초 동안 준비하십시오. '삐' 소리가 끝나면 40초 동안 말하십시오.

질문 준비 (00:30) 답변 (00:40)

연습 > 1 > 2 > 3 > 4 > 5 > 6 음량조절

2번 그림을 보고 질문에 대답하십시오.
30초 동안 준비하십시오. '삐' 소리가 끝나면 40초 동안 말하십시오.

택시를 탔습니다. 택시 기사에게 목적지까지 가는 길에 대해 이야기하세요.

남자: 손님, 제가 지하철 역은 아는데, 한국 아파트는 잘 모르겠네요. 지하철역에서 한국 아파트까지 가는 길 좀 알려 주실래요? (화면에는 질문이 보이지 않습니다.)

질문 준비 (00:30) 답변 (00:40)

연습 > 1 > 2 > 3 > 4 > 5 > 6 음량조절

2번 그림을 보고 질문에 대답하십시오.
30초 동안 준비하십시오. '삐' 소리가 끝나면 40초 동안 말하십시오.

택시를 탔습니다. 택시 기사에게 목적지까지 가는 길에 대해 이야기하세요.

남자: 손님, 제가 지하철 역은 아는데, 한국 아파트는 잘 모르겠네요. 지하철역에서 한국 아파트까지 가는 길 좀 알려 주실래요? (화면에는 질문이 보이지 않습니다.)

질문 준비 (00:30) 답변 (00:40)

유형 분석

- 2번 문항은 그림을 보고 상황 속 역할에 맞게 말하는 문제입니다.
- 주거, 쇼핑, 공공시설, 대중교통 등 일상생활에서 만날 수 있는 상황이 그림으로 출제될 수 있습니다.
- 2번 문항의 지시문이 음성과 화면으로 안내된 후 그림이 보입니다. 그림을 보고 30초 동안 준비하고 40초 동안 대답을 합니다.
- 점수는 9점입니다.

문제 예시

친구가 면접을 위해 구두를 사야 합니다. 친구에게 어울리는 구두를 추천해 주세요.

여자(친구): 나한테 어떤 구두가 어울릴까? 추천 좀 해 줄래?

미용실에 왔습니다. 직원에게 원하는 스타일을 이야기해 보세요.

남자(직원): 어떻게 해 드릴까요?

말하기 전략

Step 1. **문제를 듣고 무엇에 대해 대답해야 하는지 생각합니다.**

여자: 택시 기사에게 목적지까지 가는 길에 대해 이야기하세요.

남자: 지하철역에서 한국 아파트까지 가는 길 좀 알려 주실래요?

✔ 목적지는 '한국 아파트'입니다. 지하철역에서 한국 아파트까지 가는 길을 말해야 합니다.

Step 2. **대답을 어떻게 시작해야 할지 생각합니다.**

남자: 지하철역에서 한국 아파트까지 가는 길 좀 알려 주실래요?

✔ 네, 기사님.

Step 3. **그림을 보고 어떤 상황인지 파악합니다. 그림의 장소, 상황에서 자주 사용하는 어휘 및 표현을 떠올려 봅시다.**

상황: 길 안내
길 안내에서 자주 사용하는 표현

✔ 사거리, 삼거리
✔ 오른쪽(우회전), 왼쪽(좌회전), 직진(앞으로), 앞, 뒤
✔ (　　　　)(으)로
✔ (　　　　)을/를 지나다.
✔ (　　　　)이/가 나오다.
✔ (　　　　)에 (　　　　)이/가 있다.

Step 4. **상황을 고려해 적절한 시제로 말합니다.**

길 안내: 현재 시제

✔ 조금 앞으로 가면 삼거리가 나와요. (현재)

Step 5. 역할과 상황을 고려해 높임말과 반말을 선택해서 말합니다.

대화 상황: 택시 기사님과의 대화 대화 역할: 손님	높임말

Step 6. 역할에 맞게 자연스럽게 말합니다.

네, 기사님. 지하철역에서 조금 앞으로 가면 삼거리가 나와요. 거기에서 왼쪽으로 가시면 돼요. 가다 보면 약국이 나와요. 약국을 지나서 조금 가다 보면 오른쪽에 길이 있어요. 그 길로 조금 가면 왼쪽에 한국아파트가 보일 거예요. 거기서 내려 주시면 돼요.

핵심 표현

2번 문항은 자주 사용되는 표현입니다. 핵심 표현을 활용하여 말하기를 할 수 있도록 준비해 보세요.

쓰지 말고 대답해 보세요.

1 서술

-(으)ㄴ/는데요	어떤 사실이나 상황을 전달하면서 청자의 반응을 기대할 때 사용하는 표현

예문 치마가 좀 **짧은데요.**
저는 매운 음식은 잘 못 **먹는데요.**
제 이름은 **김민수인데요.**

가: 어떻게 오셨어요?
나: ❶ (   ). (소포를 보내려고 하다)

2 의견

-(으)ㄴ/는/(으)ㄹ 것 같다	자신의 사실이나 생각에 대해 간접적으로 부드럽게 말할 때 사용하는 표현 ※ 추측을 나타내는 표현은 문제 3번 관련 표현 참고 p.60

예문 한국이 제 고향보다 더 **추운 것 같아요.**
아키라 씨가 우리 반에서 한국어를 제일 **잘하는 것 같아요.**
이번 주는 피곤해서 주말에 등산하기 **힘들 것 같아요.**

가: 이 치마는 어떠세요?
나: 음, 저한테 좀 ❷ (   ). (짧다)

3 계획

-기로 하다	계획하거나 결정함을 나타낼 때 사용하는 표현

예문 이번 방학에 아르바이트를 **하기로 했어요.**
오늘 저녁은 피자를 **먹기로 했어요.**
내일 도서관 앞에서 **만나기로 해요.**

가: 선물은 준비했어요?
나: 선물은 하나 씨가 ❸ (   ). (사 오다)

4 권유

① -는 게/건 어때(요)?	어떤 일을 조언하거나 권유할 때 사용하는 표현

예문 퇴근 시간에는 길이 복잡하니까 지하철을 **타는 게 어때요?**
이번 주에는 시험이 있으니까 다음 주에 **만나는 게 어때?**
민수 씨가 길을 잘 아는데 민수 씨하고 같이 **가는 건 어때요?**

가: 어떤 원피스가 더 괜찮아?
나: 너는 파란색이 잘 어울리니까 파란색 원피스를 ❹ (   )? (사다)

② -(으)ㄹ래(요)?	상대방의 의사나 의향을 묻거나 권유할 때 사용하는 표현

예문 주말에 같이 **영화 볼래요?**
저는 커피 마실 건데, 하나 씨는 뭐 **마실래요?**
너도 등산 동호회에 **같이 갈래?**

가: 과제가 너무 어려워서 어떻게 해야 할지 모르겠어.
나: 그럼 내일 민수랑 나랑 도서관에서 만나서 ❺ (   )? (같이 하다)

5 요청

-아/어 주다	상대방에게 도움을 요청할 때 사용하는 표현

예문 교실이 너무 추운데 창문 좀 **닫아 주세요.**
이 문제를 잘 모르겠는데 **좀 가르쳐 주시겠어요?**
영화가 시작되면 휴대전화를 **꺼 주십시오.**

가: 손님, 머리는 어떻게 해 드릴까요?
나: ❻ (   ). (짧게 자르다)

6 전환

-다가	어떤 행동이나 상태가 중단되고 다른 행동이나 상태로 전환될 때 사용하는 표현

예문 학교에 **오다가** 넘어졌어요.
집에서 책을 **보다가** 피곤해서 잤어요.
아침에는 **춥다가** 오후에는 따뜻해졌어요.

가: 여기에서 병원까지 어떻게 가요?
나: ❼ (   ). (쭉 가다 → 사거리에서 왼쪽으로 가다)

정답 풀이

❶ 소포를 보내려고 하는데요
❷ 짧은 것 같아요
❸ 사 오기로 했어요
❹ 사는 게 어때
❺ 같이 할래
❻ 짧게 잘라 주세요
❼ 쭉 가다가 사거리에서 왼쪽으로 가세요 / 쭉 가다가 사거리에서 왼쪽으로 가면 돼요

실전 말하기 전략

앞서 학습한 말하기 전략을 활용하여 단계별로 말하기 대답을 구성해 보세요.

- 2번 문항은 그림을 보고 역할을 수행하는 문제입니다.
  그림을 보고 질문에 맞는 대답을 해 보세요.

친구가 면접을 위해 구두를 사야 합니다. 친구에게 어울리는 구두를 추천해 주세요.

여자(친구): 나한테 어떤 구두가 어울릴까? 추천 좀 해 줄래?

1단계 그림을 보면서 어떤 상황인지 생각해 봅시다.

친구에게 어울리는 구두를 추천

2단계 필요한 단어와 표현을 떠올려 봅시다.

시작하는 말	내 생각에는….
그림의 상황	굽이 낮고 단정한 검은색 구두를 친구에게 추천함
표현	의견: -(으)ㄹ 것 같아. 제안: -(으)ㄴ/는 게/건 어때?
높임말 · 반말	반말

3단계 말하기 전 짧은 문장을 만들어 봅시다.

- 내 생각에는 검은색 구두가 좋을 것 같아.
- 굽이 높지 않아 편해 보여.
- 너에게 잘 어울릴 것 같아.

4단계 ▶ 실제로 말해 봅시다. A 16

내 생각에는 지금 네가 신고 있는 구두는 너무 높은 것 같아. 이 검은색 구두가 좋을 것 같아. 굽도 너무 높지 않고 편해 보여. 그리고 너에게 잘 어울릴 것 같아.

5단계 ▶ 유창하게 말해 봅시다. (Level up) A 17

내 생각에는 그런 높은 구두보다 면접 때는 편하고 단정한 구두가 제일 좋을 것 같은데? 이 검은색 구두는 어때? 내가 볼 땐 제일 단정해 보여. 그리고 굽이 낮아서 발도 편할 것 같고. 이 구두가 면접용으로 너한테 딱일 것 같아.

연습 문제 ①

미용실에 왔습니다. 직원에게 원하는 스타일을 이야기해 보세요.

남자(직원): 어떻게 해 드릴까요?

1단계 그림을 보면서 어떤 상황인지 생각해 봅시다.

2단계 필요한 단어와 표현을 떠올려 봅시다.

3단계 말하기 전 짧은 문장을 만들어 봅시다.

4단계 실제로 말해 봅시다.

〈원하는 스타일 말하기〉

① 길이: 머리를 (   ).

② 염색: 그리고 (   ).

③ 스타일이 어울릴지 확인: 밝은 색으로 하고 싶은데 (   )?

5단계 유창하게 말해 봅시다. (Level up) A 18

연습 문제 ②

지난주에 호텔을 예약했습니다. 예약 확인서를 보고 호텔에 가서 접수를 확인하세요.

서울 호텔 예약 확인서

예약자: 김민수

인원: 성인 2명

체크인: 2023년 3월 2일 체크아웃: 2023년 3월 4일

조식: 포함

여자: 무엇을 도와 드릴까요?

1단계 ▸ 그림을 보면서 어떤 상황인지 생각해 봅시다.

2단계 ▸ 필요한 단어와 표현을 떠올려 봅시다.

3단계 ▸ 말하기 전 짧은 문장을 만들어 봅시다.

4단계 ▸ 실제로 말해 봅시다.

〈접수 확인하기〉

지난주에 인터넷으로 예약했습니다.

① 예약자와 인원: 이름은 ( )이고 ( )이에요.

② 기간: ( )부터 ( )까지 묵을 예정입니다.

③ 조식: 조식도 ( ).

5단계 ▸ 유창하게 말해 봅시다. (Level up) A 19

◎ 난이도
★쉬움 ★★보통 ★★★어려움

★
1. 친구에게 한국대학교까지 오는 길을 설명해 보세요.

T 15
A 20

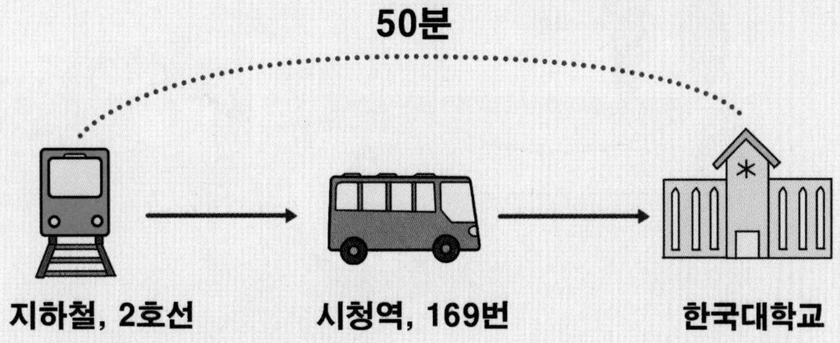

여자: 우리 집에서 한국대학교까지 어떻게 가야 해?

★
2. 노트북이 고장나서 고치고 싶습니다. 서비스 센터에 전화해서 이야기해 보세요.

T 16
A 21

여자: 네, 한국전자 서비스 센터입니다. 무엇을 도와 드릴까요?

★★
3. 약속 시간에 늦을 것 같습니다. 친구에게 전화해서 늦는 이유를 이야기해 보세요.

T 17
A 22

여자: 여보세요? 왜 아직도 안 와?

★★
4. 며칠 전 옷을 샀는데 단추가 한 개 없어서 환불하고 싶습니다. 직원에게 이야기해 보세요.

T 18
A 23

여자: 손님, 무엇을 도와 드릴까요?

★
5. 식당에 전화해서 음식을 주문해 보세요.

T 19
A 24

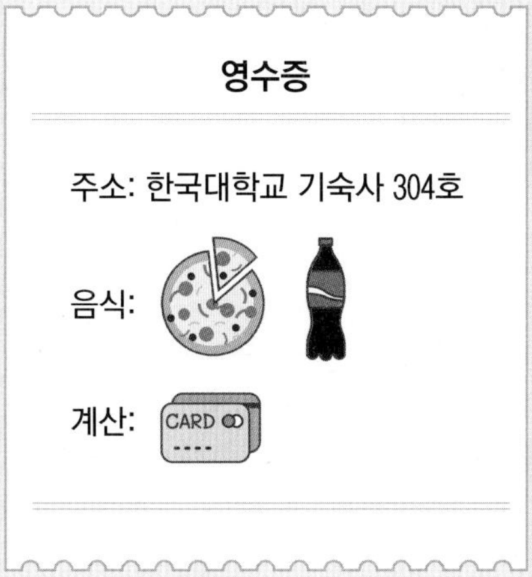

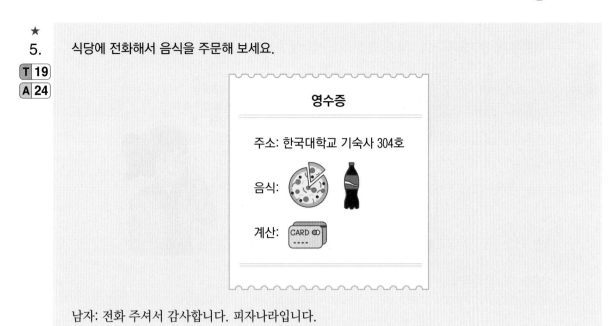

남자: 전화 주셔서 감사합니다. 피자나라입니다.

★★
6. 집을 구하러 부동산에 왔습니다. 구하고 싶은 집을 이야기해 보세요.

T 20
A 25

남자: 어떤 집을 찾으세요?

★
7. 다음 주에 친구들과 저녁 약속이 있습니다. 식당에 전화해서 식사를 예약해 보세요.

T 21
A 26

남자: 네, 한국식당입니다.

★★
8. 등산 동호회 회원입니다. 친구에게 내가 가입한 등산 동호회를 추천해 보세요.

T 22
A 27

남자: 동호회에 가입할까 하는데 추천 좀 해 줄래?

말하기 클리닉 -경음화, 유창하게 끊어 말하기-

1. 발음 (경음화) T 23

한국 식당[식땅]이지요?
불고기 피자 1판하고 콜라 1병 갖다[갇따] 주세요.
이박 삼일 동안 **묵을 거예요**.[무글 꺼예요]

'갖다'에서 '갖'의 발음은 '[갇]'이기 때문에 받침 발음 [ㄷ]이 있어요.

▶ 받침 발음 [ㄱ,ㄷ,ㅂ]이 뒤에 'ㄱ,ㄷ,ㅂ,ㅅ,ㅈ'을 만나면 [ㄲ,ㄸ,ㅃ,ㅆ,ㅉ]로 발음합니다.
관형사형 '-(으)ㄹ' 뒤에 'ㄱ,ㄷ,ㅂ,ㅅ,ㅈ'을 만나면 [ㄲ,ㄸ,ㅃ,ㅆ,ㅉ]로 발음합니다.

'경음화' 발음에 주의하면서 말해 봅시다. T 24

❶ 다음 주 토요일 오후 여섯 시에 **식사**를 예약하고 싶어서 전화드렸습니다.
※'여섯 시'는 '[여섣] [시]'로 발음하지만 한 단어처럼 빨리 말할 때는 '[여섣씨]'로 발음할 수도 있어요.
❷ 노트북을 **쓸 수가 없어요**.
❸ 친구랑 같이 영화관에 가서 보고 **싶었던** 영화를 **볼 거예요**.
❹ 등산 동호회에 가입하면 운동도 **할 수 있고** 아름다운 경치도 **볼 수 있거든**.

'경음화' 발음을 확인해 봅시다.
❶ [식싸] ❷ [쓸 쑤가 업써요] ❸ [시펃떤] / [볼 꺼예요] ❹ [할 쑤 읻꼬] / [볼 쑤 읻꺼든]

2. 발음 (유창하게 끊어 말하기) T 25

❶ 띄어쓰기가 있는 모든 부분에서 끊어서 말하지 마세요.
주소는 / 한국대학교 / 기숙사 / 304호이고 / 계산은 / 카드로 / 할 / 거예요. (X)
❷ 문장의 의미를 생각하며 끊으세요.
주소는 한국대학교 기숙사 304호이고 // 계산은 카드로 할 거예요. (O)
❸ 주제가 되는 말이나 강조하고 싶은 부분 앞에서 끊을 수 있습니다.
주소는 / 한국대학교 기숙사 304호이고 // 계산은 / 카드로 할 거예요. (O)

---

* '/': 의미 단위로 끊어서 읽습니다. 0.5초 정도 쉽니다. '//': 문장 단위로 끊어서 읽습니다. 1초 정도 쉽니다.

어디에서 끊어 말하면 좋을까요? 음성을 들으면서 확인해 보세요. T 26

❶ 내가 늦은 대신에 만나서 맛있는 거 살게.
❷ 예산은 6천만 원 정도로 생각하고 있어요.
❸ 사실 이 블라우스는 꽃 모양 단추가 예뻐서 구매한 건데 단추가 없어서 그냥 환불하고 싶어요.

속도, 발음, 끊어 읽기에 유의하면서 연습해 보세요.

❶ 내가 / 늦은 대신에 // 만나서 / 맛있는 거 살게.
❷ 예산은 // 6천만 원 정도로 / 생각하고 있어요.
❸ 사실 / 이 블라우스는 / 꽃 모양 단추가 예뻐서 구매한 건데 // 단추가 없어서 / 그냥 환불하고 싶어요.

합격 노트

좋은 대답 ☺ 나쁜 대답 ☹

친구가 면접을 위해 구두를 사야 합니다. 친구에게 어울리는 구두를 추천해 주세요.

여자: 나한테 어떤 구두가 어울릴까? 추천 좀 해 줄래?

대답	이 구두가 예뻐요. 이 구두를 사세요.	☹
	✔ '추천하기'에 어울리는 표현을 사용하세요. ✔ '친구'와 대화하고 있기 때문에 반말로 말해야 합니다.	
	이 검은색 구두는 어때? 이 구두가 예쁜 것 같아.	😐
	✔ 친구의 상황(면접 준비)을 고려해서 추천하는 이유를 자세히 말하세요.	
	내 생각에는 그런 높은 구두보다 면접 때는 편하고 단정한 구두가 제일 좋을 것 같은데? 이 검은색 구두는 어때? 내가 볼 땐 제일 단정해 보여.	☺

며칠 전 옷을 샀는데, 단추가 한 개 없어서 환불하고 싶습니다. 직원에게 이야기해 보세요.

여자: 손님, 무엇을 도와 드릴까요?

대답	이 옷을 환불하고 싶어요.	☹
	✔ 시작하는 말(인사나 상황 설명)을 사용하세요. ✔ 환불하고 싶은 이유를 자세히 말하세요.	
	이 옷에 단추가 없어서 환불하고 싶어요.	😐
	✔ 그림을 보고 설명할 수 있는 단어(단추, 블라우스 등)를 사용하면 좋아요.	
	며칠 전에 여기에서 이 블라우스를 샀어요. 그런데 집에 와서 보니까 단추가 한 개 없어서 환불하고 싶어요.	☺

반말

▶ 친구나 친한 선 · 후배 사이 혹은 말하는 사람보다 나이가 어린 사람에게 사용하는 표현입니다.

① -이에요/예요 → -이야/야

책이에요.	책**이야**.
의자예요.	의자**야**.

② -아/어/해요 → -아/어/해

학교에 가요.	학교에 **가**.
밥을 먹어요.	밥을 먹**어**.
공부해요.	공부**해**.

③ -아/어/해요? → -아/어/해?, -아/어/하니?

학교에 가요?	학교에 **가**?/가**니**?
밥을 먹어요?	밥을 먹**어**?/밥을 먹**니**?
공부해요?	공부**해**?/공부**하니**?

④ -(으)세요 → -아/어/해

손을 씻으세요.	손을 씻**어**.
내일 늦지 마세요.	내일 늦지 **마**.
숙제하세요.	숙제**해**.

⑤ (청유) -아/어/해요, -(으)ㅂ시다 → -자

주말에 같이 바다에 가요.	주말에 같이 바다에 가**자**.
부산에 가면 생선회를 먹읍시다.	부산에 가면 생선회를 먹**자**.

⑥ 저, (이름) 씨 → 나, (이름)야/아

저는 한국 사람이에요.	**나**는 한국 사람이야.
전정 씨는 어디에서 왔어요?	**전정**은 어디에서 왔어?
마리코 씨, 오후에 시간 있어요?	**마리코(야)**, 오후에 시간 있어?

⑦ 네, 아니요 → 응, 아니

A: 민수 씨는 한국 사람이지요?	A: 민수는 한국 사람이지?
B: 네, 저는 한국 사람이에요.	B: **응**, 나는 한국 사람이야.
A: 저녁은 드셨어요?	A: 저녁은 먹었어?
B: 아니요, 아직 안 먹었어요.	B: **아니**, 아직 안 먹었어.

CHAPTER 3

그림 보고 이야기하기

- 유형 소개 및 유형 분석
- 말하기 전략
- 핵심 표현
- 실전 말하기 전략
- 예상 문제
- 말하기 클리닉 (격음화, 유창하게 끊어 말하기)
- 합격 노트 (감정을 나타내는 어휘)

유형 소개 및 유형 분석

유형 소개

연습 > 1 > 2 > 3 > 4 > 5 > 6 음량조절

3번 그림을 보고 순서대로 이야기하십시오.
40초 동안 준비하십시오. '삐' 소리가 끝나면 60초 동안 말하십시오.

질문 준비 (00:40) 답변 (01:00)

연습 > 1 > 2 > 3 > 4 > 5 > 6 음량조절

3번 그림을 보고 순서대로 이야기하십시오.
40초 동안 준비하십시오. '삐' 소리가 끝나면 60초 동안 말하십시오.

수영 씨가 돈을 찾으러 은행에 갔습니다. 수영 씨에게 무슨 일이 있었는지 이야기하십시오.
(화면에는 질문이 보이지 않습니다.)

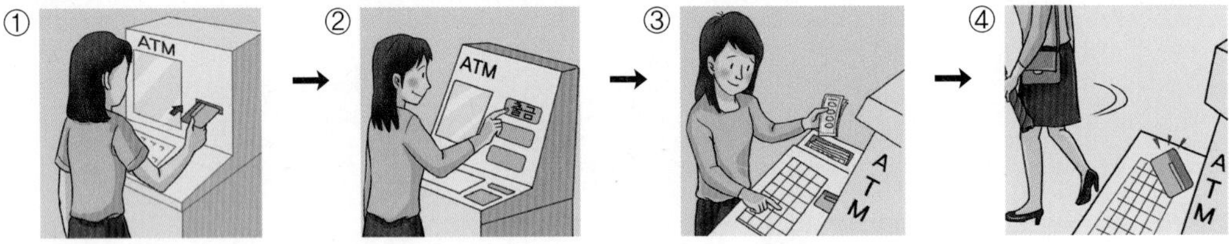

질문 준비 (00:40) 답변 (01:00)

연습 > 1 > 2 > 3 > 4 > 5 > 6 음량조절

3번 그림을 보고 순서대로 이야기하십시오.
40초 동안 준비하십시오. '삐' 소리가 끝나면 60초 동안 말하십시오.

수영 씨가 돈을 찾으러 은행에 갔습니다. 수영 씨에게 무슨 일이 있었는지 이야기하십시오.
(화면에는 질문이 보이지 않습니다.)

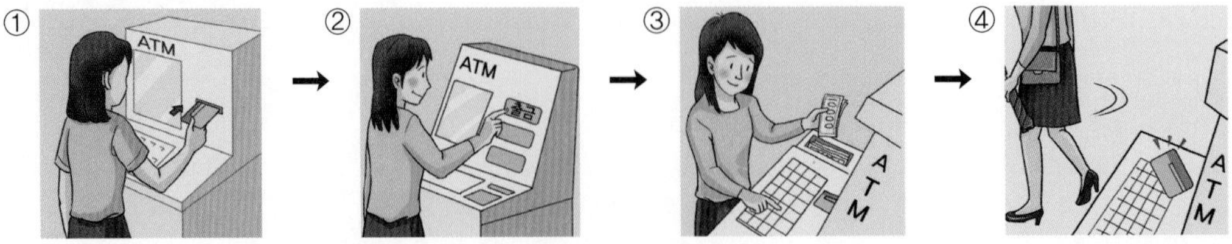

질문 준비 (00:40) 답변 (01:00)

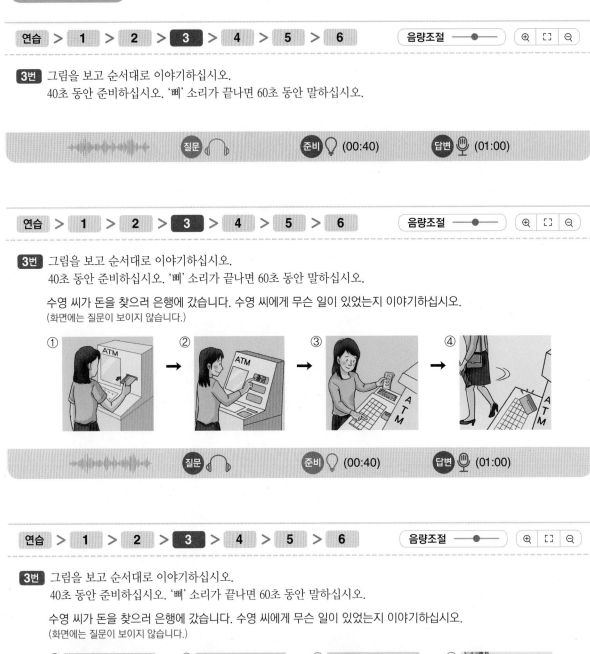

유형 분석

- 3번 문항은 연속된 그림을 보고 순서대로 이야기를 만드는 문제입니다.
- 특정 장소에 대한 이용 방법, 요리하는 방법, 시간 순서에 따른 상황이나 감정 변화 등을 설명하는 말하기 유형이 출제될 수 있습니다.
- 3번 문항의 지시문이 음성으로 안내된 후 그림이 보입니다.
- 40초 동안 생각하고 60초 동안 대답을 합니다.
- 점수는 9점입니다.

문제 예시

수진 씨가 인터넷으로 쇼핑을 했습니다. 수진 씨에게 무슨 일이 있었는지 이야기하세요.

정민 씨가 출근 준비 중입니다. 정민 씨에게 무슨 일이 있었는지 이야기하세요.

말하기 전략

Step 1. 그림을 보고 인물의 행동이나 상황을 파악합니다.

Tip 1 제시된 그림 중 한 가지라도 빠지거나 설명이 부족하면 좋은 점수를 받기 어렵습니다. 따라서 제시된 그림을 모두 보고 인물의 행동이나 상황을 파악해야 합니다.

Step 2. 제시된 그림을 어떻게 설명할지 생각합니다.

Tip 1 그림별로 필요한 내용을 간단히 메모하는 것도 좋습니다.

①		인터넷 쇼핑, 바지 주문	
②		택배 잘못 배송	황당함
③		교환 요청	
④		또 택배 잘못 배송	화남

Tip 2 그림에서 설명하기 어려운 단어는 자신이 알고 있는 표현을 사용합니다.

- 교환을 요청했어요. = 다른 물건으로 바꿔 달라고 말했어요.
- 치마가 배송되었어요. = 치마가 왔어요.

Tip 3 중급 수준 이상의 문법과 어휘를 사용하면 더 좋은 점수를 받을 수 있습니다.

Step 3. 그림의 내용을 순서대로 자연스럽게 연결할 수 있는 표현 및 접속어를 활용합니다.

Tip 시간 순서대로 일어난 사건을 이야기하거나 그림 속 인물의 감정을 시간 변화에 따라 설명해야 합니다. 그림의 순서를 바꿔서 설명하지 마세요.

[그림 ①] **수진 씨**가 인터넷으로 쇼핑을 하고 있어요. 바지를 사고 싶은 모양이에요.

[그림 ②] **삼일 뒤** 주문한 물건이 도착했어요. **그런데** 박스를 열어보니 수진 씨가 주문한 바지가 아니라 치마가 배송되어 황당했어요.

[그림 ③] **그래서** 수진 씨는 인터넷 쇼핑몰에 전화해서 상황을 설명하고 교환을 요청했어요.

[그림 ④] **그 다음 날에 다시** 물건이 도착했는데 또 배송이 잘못됐나 봐요. 두 번이나 배송이 잘못되어서 그런지 수진 씨는 매우 화가 난 얼굴이에요.

Step 4. 그림별로 시간을 적절하게 배분하여 말합니다.

Tip 특정 그림에서만 너무 많은 이야기를 하는 것은 좋지 않습니다. 따라서 한 개의 그림은 15초 이내에 설명하는 것이 좋습니다. 시간이 부족하여 마지막 그림을 급하게 마무리하지 않도록 주의하세요.

핵심 표현

3번 문항에서 자주 사용되는 표현입니다. 관련 표현을 활용하여 말하기를 할 수 있도록 준비해 보세요.

쓰지 말고 대답해 보세요.

1 시간, 순서

① -(으)ㄴ 후에(= -고 나서) ↔ -기 전에	앞의 내용이 뒤의 내용보다 시간상 앞설 때 사용하는 표현 앞의 내용이 뒤의 내용보다 시간상 뒤일 때 사용하는 표현

예문 영화를 **본 후에** 쇼핑을 해요. (① 영화를 보다 → ② 쇼핑을 하다)
영화를 **보기 전에** 쇼핑을 해요. (① 쇼핑을 하다 → ② 영화를 보다)
손을 **씻은 후**에 밥을 먹어요. (① 손을 씻다 → ② 밥을 먹다)

가: 지난 주말에 뭐 했어요?
나: ❶ ( ). (① 밥을 먹다 → ② 텔레비전을 보다)

② -아/어서	앞의 내용이 먼저 일어나고 뒤의 내용이 이어서 일어남을 나타낼 때 사용하는 표현 ※ 이유를 나타내는 표현은 문제 1번 관련 표현 참고 p.18

예문 사과를 **씻어서** 먹어요.
아르바이트를 **해서** 세계 여행을 갈 거예요.
제주도에서 사진을 **찍어서** 친구에게 보냈어요.

가: 어제 뭐 했어요?
나: ❷ ( ). (① 친구를 만나다 → ② 그 친구와 같이 낚시를 하다)

③ -자마자	앞의 동작이 이루어진 후에 바로 뒤이어 다음 동작이나 사건이 일어날 때 사용하는 표현

예문 부모님의 목소리를 **듣자마자** 눈물이 났어요.
집에 **도착하자마자** 전화하세요.
그 사람을 **만나자마자** 사랑에 빠졌어요.

가: 어제 왜 전화 안 받았어?
나: 너무 피곤해서 ❸ ( ) 잠이 들었어. (침대에 눕다)

④ -고 있다	어떤 동작이 끝나지 않고 진행되거나 요즘 하고 있는 일을 설명할 때 사용하는 표현

예문 히엔 씨는 지금 도서관에서 책을 **읽고 있어요.**
지하철역에서 친구를 **기다리고 있어요.**
어머니께서 부엌에서 요리를 **하고 계시네요.**

가: 수진 씨, 요즘 어떻게 지내요?
나: 건강을 위해서 주말마다 ❹ ( ). (등산을 하다)

⑤ -(으)면서	두 가지 이상의 행동이나 상태가 동시에 이루어질 때 사용하는 표현

예문 저는 음악을 **들으면서** 공부를 하는 습관이 있어요.
커피를 **마시면서** 친구를 기다렸어요.
이번에 새로 나온 노트북은 **가벼우면서** 성능도 좋아요.

가: 남자친구는 어떤 사람이야?
나: ❺ (   ) 재미있는 사람이야. (친절하다)

2 변화

① -아/어지다	어떤 상태가 변화하는 과정을 나타낼 때 사용하는 표현 ※ 'N(명사)'의 변화는 'N이/가 되다', 'N(으)로 바뀌다'로 쓸 수 있습니다.

예문 방학 동안 몰라보게 키가 **커졌네요.**
처음에는 힘들었지만 이제 한국 생활에 **익숙해졌어요.**
어머니가 오신 후로 방이 **깨끗해졌어요.**

가: 요즘 한국 날씨는 어때요?
나: 고향보다 더워요. 8월에는 더 ❻ (   ). (덥다)

② -게 되다	외부의 영향으로 인해 변화되는 결과나 상황 등을 나타낼 때 사용하는 표현

예문 한국 드라마를 보고 한국어를 **배우게 됐어요.**
히엔 씨는 한국에 와서 **알게 됐어요.**
너무 피곤해서 커피를 계속 **마시게 돼요.**

가: 갑자기 이사를 가신다고 들었어요.
나: 네. 직장을 옮겨서 ❼ (   ). (이사를 가다)

3 추측

① -(으)ㄴ/는/(으)ㄹ 것 같다	어떤 상황을 통해 미루어 추측함을 나타낼 때 사용하는 표현 ※ 의견을 나타내는 표현은 문제 2번 관련 표현 참고 p.38

예문 이번에 개봉한 영화가 정말 **재미있을 것 같아요.**
히엔 씨 옆에 있는 사람이 남자 **친구인 것 같아요.**
땅이 젖어 있네요. 어제 밤에 비가 **온 것 같아요.**

가: 내일 시간 있어요?
나: 요즘 일이 많아서 내일도 ❽ (　　　　　). (바쁘다)

② -나/(으)ㄴ가 보다	어떤 상황을 통해 미루어 추측할 때 사용하는 표현

예문 김 선생님께서 전화를 안 받으세요. 댁에 안 **계시나 봐요.**
식당 앞에 줄이 기네요. 저 식당 음식이 **맛있나 봐요.**
사람들이 옷을 따뜻하게 입을 걸 보니 오늘 날씨가 **추운가 봐요.**
요즘 한국어 공부를 열심히 **했나 봐요.** 시험 성적이 많이 올랐네요?

가: 저기 뛰어가는 사람, 민수 씨 아니에요?
나: ❾ (　　　　　). (급한 일이 있다)

③ -아/어 보이다	어떤 대상을 보고 판단한 생각이나 느낌을 말할 때 사용하는 표현

예문 오른쪽 치마가 더 **길어 보여요.**
무슨 좋은 일이 있나 봐요. 기분이 **좋아 보여요.**
마이클 씨가 오늘은 좀 **피곤해 보이네요.**

가: 민수 씨 옆에 있는 사람은 여동생이에요?
나: 아니요, 누나예요. 저보다 더 ❿ (　　　　　)? (어리다)

④ -(으)ㄴ/는/(으)ㄹ 모양이다	어떤 사실이나 상황으로 보아 현재 어떤 일이 일어나고 있거나 어떤 상태라고 추측할 때 사용하는 표현

예문 미키 씨가 아직 안 오는 걸 보니 아마 약속을 **잊어버린 모양에요.**
히엔 씨가 짐을 싸고 있더라고요. 방학 때 고향에 **돌아갈 모양이에요.**
땀을 많이 흘렸네요. 날씨가 많이 **더운 모양이에요.**

가: 고속도로에 차가 많네요.
나: 휴가철이라서 사람들이 ⓫ (　　　　　). (여행을 가다)

4 인용

-다고 하다[말하다, 듣다]	자신이 보거나 들은 것을 다시 전달할 때 사용하는 표현

예 문 오늘 신입생 환영회를 **한다고 했어요.**
명동에 가면 예쁜 옷이 **많다고 들었어요.** 오늘 같이 가요.
히엔 씨는 김치를 잘 **먹는다고 했어요.**

가: 버스를 타고 갈까요?
나: 출퇴근 시간에는 ⓬ (   ). 지하철을 타고 가요. (차가 막히다)

정답 풀이

❶ 밥을 먹은 후에 텔레비전을 봤어요
❷ 친구를 만나서 같이 낚시를 했어요
❸ 침대에 눕자마자
❹ 등산을 하고 있어요
❺ 친절하면서(도)
❻ 더워질 거예요
❼ 이사를 가게 됐어요.
❽ 바쁠 것 같아요
❾ (무슨) 급한 일이 있나 봐요
❿ 어려 보이죠
⓫ 여행을 가는 모양이에요
⓬ 차가 막힌다고 해요/했어요/들었어요

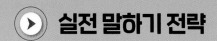

앞서 학습한 말하기 전략을 활용하여 단계별로 말하기 대답을 구성해 보세요.

- 3번 문항은 그림을 보고 순서대로 이야기를 만드는 문제입니다.
  그림을 보고 어떤 상황인지, 그리고 이 사람은 무엇을 하고 있는지 이야기를 만들어 보세요.

정민 씨가 출근 준비 중입니다. 정민 씨에게 무슨 일이 있었는지 이야기하세요.

1단계 4개의 그림을 보면서 어떤 상황인지 생각해 봅시다.

정민 씨가 출근 준비를 하다가 늦어서 급하게 나갔다. 신발을 잘못 신고 나갔다.

2단계 각 그림을 설명하기 위해 필요한 단어와 표현을 떠올려 봅시다.

	단어	표현
① 	일어나다 / 기지개를 켜다	-아/어서, -고 있다
② 	이를 닦다	-(으)면서
③ 	옷장, 고민하다	-나 보다
④ 	서두르다, 짝짝이, 한 쪽	-지 뭐예요

3단계 ▶ 말하기 전 짧은 문장을 만들어 봅시다.

[그림 ①] 정민 씨가 아침에 일어났어요.
[그림 ②] 이를 닦아요.
[그림 ③] 옷장에서 무슨 옷을 입을까 고민해요.
[그림 ④] 시간이 없어서 서둘러 나가요. 신발을 짝짝이로 신었어요.

4단계 ▶ 실제로 말해 봅시다. A 28

[그림 ①] 아침이 돼서 정민 씨가 일어났어요.
[그림 ②] 일어나자마자 정민 씨는 출근 준비를 위해 화장실에 가서 이를 닦아요.
[그림 ③] 정민 씨의 옷장 안에 옷이 많이 있어요. 무슨 옷을 입을까 고민하나 봐요.
[그림 ④] 근데 시간이 많이 지났어요. 벌써 9시(아홉 시) 30분(삼십 분)이에요. 시계를 보고 정민 씨는 지각을 할까 봐 걱정이 돼요. 그래서 빨리 신발을 신고 나가요. 하지만 한 쪽은 구두, 한 쪽은 운동화를 신고 나왔어요.

5단계 ▶ 유창하게 말해 봅시다. (Level up) A 29

정민 씨가 아침에 일어나서 기지개를 켜고 있어요. 일어나자마자 출근 준비를 위해 먼저 화장실에 가서 거울을 보면서 이를 닦아요. 그리고 무슨 옷을 입을까 고민을 많이 하는 것 같아요. 근데 어느새 시간이 많이 지난 것 같아요. 벌써 9시 30분이 됐어요. 시계를 본 정민 씨는 지각을 할까 봐 조마조마해요. 그래서 회사에 지각하지 않으려고 서둘러 신발을 신고 집에서 나가요. 하지만 얼마나 정신이 없었던지 신발을 짝짝이로 신고 나왔지 뭐예요.

연습 문제 ①

민수 씨가 병원에 갔습니다. 민수 씨에게 무슨 일이 있었는지 이야기하세요.

1단계 4개의 그림을 보면서 어떤 상황인지 생각해 봅시다.

2단계 각 그림을 설명하기 위해 필요한 단어와 표현을 떠올려 봅시다.

3단계 말하기 전 짧은 문장을 만들어 봅시다.

4단계 실제로 말해 봅시다.

그림 ① 민수 씨가 (장소 1: 내과)에 들어갔어요. (이유 혹은 목적: 배가 아프다).

그림 ② (장소 1: 내과)에서
(행동 1: 종이에 이름, 생년월일, 전화번호를 쓰다)고 (행동 2: 접수하다).

그림 ③ 그리고 (장소 2: 진료실)에 가서
의사 선생님께 (행동 3: 아픈 곳을 말하다).

그림 ④ (장소 2: 진료실)을/를 나와서
(행동 4: 계산하다)고 (행동 5: 처방전을 받다).

5단계 유창하게 말해 봅시다. (Level up) A 30

연습 문제 ②

영미 씨가 횡단보도 앞에 있습니다. 영미 씨에게 무슨 일이 있었는지 이야기하세요.

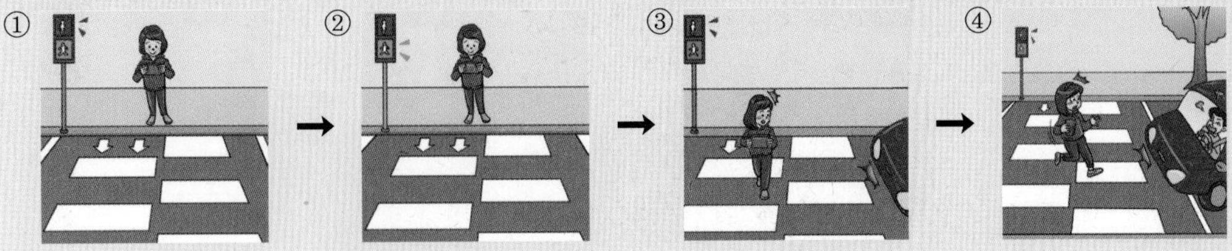

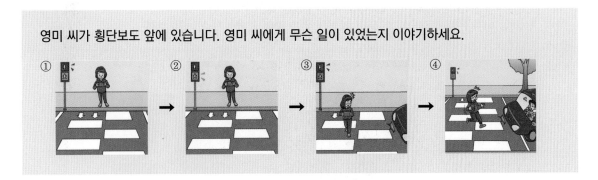

1단계 4개의 그림을 보면서 어떤 상황인지 생각해 봅시다.

2단계 각 그림을 설명하기 위해 필요한 단어와 표현을 떠올려 봅시다.

3단계 말하기 전 짧은 문장을 만들어 봅시다.

4단계 실제로 말해 봅시다.

그림 ① 영미 씨는 (장소: 횡단보도 앞)에서 (행동 1: 휴대폰으로 게임을 하다).

그림 ② (변화 1: 횡단보도의 신호등이 초록불로 바뀌다).
(행동 2: 계속 휴대폰을 보다).

그림 ③ (변화 2: 횡단보도의 신호등이 다시 빨간불로 바뀌다).
하지만 영미 씨는 (행동 3: 계속 휴대폰을 보며 걷다).

그림 ④ 그러다가 (변화 3: 자동차가 급히 멈추다)
자동차 운전사는 (감정 1: 화가 나다), 영미 씨는 (감정 2 : 깜짝 놀라다).

5단계 유창하게 말해 봅시다. (Level up) A 31

◎ 난이도
★쉬움 ★★보통 ★★★어려움

★
1. 제니 씨가 은행에 갔습니다. 제니 씨에게 무슨 일이 있었는지 이야기하세요.

T 27
A 32

★
2. 가족과 함께 동물원에 갔습니다. 이 가족에게 무슨 일이 있었는지 이야기하세요.

T 28
A 33

★
3.
T 29
A 34

민수 씨가 여행을 하고 있습니다. 민수 씨에게 무슨 일이 있었는지 이야기하세요.

★★
4.
T 30
A 35

수진 씨가 퇴근 후에 집에 왔습니다. 수진 씨에게 무슨 일이 있었는지 이야기하세요.

★
5. 불고기를 만드는 방법입니다. 이 요리법에 대해서 이야기하세요.

T 31
A 36

★★
6. 상민 씨는 시험을 앞두고 공부를 했습니다. 상민 씨에게 무슨 일이 있었는지 이야기하세요.

T 32
A 37

★★
7.
T 33
A 38

미희 씨가 버스를 탔습니다. 미희 씨에게 무슨 일이 있었는지 이야기하세요.

★★
8.
T 34
A 39

영희 씨가 빨래를 하고 있습니다. 영희 씨에게 무슨 일이 있었는지 이야기하세요.

말하기 클리닉 - 격음화, 유창하게 끊어 말하기 -

1. 발음 (격음화) T 35

저는 한국어를 잘 **못해요**. [모태요]

'못해요'에서 '못'의 발음은 '[몯]'이기 때문에 받침 발음 [ㄷ]이 있어요.

제주도에 가니까 예쁜 꽃이 **많더라고요**. [만터라고요]

고기에 여러 가지 양념을 **넣고**[너코] 골고루 섞어 줘요.

▶ 받침 발음 [ㄱ, ㄷ, ㅂ, ㅈ]이 앞뒤에 'ㅎ'을 만나면 [ㅋ, ㅌ, ㅍ, ㅊ]로 발음합니다.

'격음화' 발음에 주의하면서 말해 봅시다. T 36

❶ 어제 쇼핑을 하면서 **옷 한 벌**을 샀어요.
❷ 방학 때 무엇을 할까 **생각했어요.**
❸ 제주도에 **도착해서** 식당에서 맛있는 점심을 먹었어요.
❹ 지나가던 자동차가 **급하게** 멈춰 섰어요.

➡ '격음화' 발음을 확인해 봅시다.

❶ [오탄벌] ❷ [생가캐써요] ❸ [도차캐서] ❹ [그파게]

2. 유창하게 끊어 말하기 T 37

어디에서 끊어 읽으면 좋을까요? 음성을 들으면서 확인해 보세요.

❶ 자신의 번호를 보고 은행 직원에게 갔어요.
❷ 아래층에 있는 수진 씨는 너무 시끄러워서 잠을 잘 수 없었어요.
❸ 다행히 뒤에 있던 사람이 대신 버스비를 내 줬어요.
❹ 세탁기 안에 휴대폰과 빨래가 같이 돌아가는 걸 보고 영희 씨가 깜짝 놀랐어요.

속도, 발음, 끊어 읽기에 유의하면서 연습해 보세요.

❶ 자신의 번호를 보고 / 은행 직원에게 갔어요.
❷ 아래층에 있는 수진 씨는 / 너무 시끄러워서 / 잠을 잘 수 없었어요.
❸ 다행히 / 뒤에 있던 사람이 / 대신 / 버스비를 내 줬어요.
❹ 세탁기 안에 / 휴대폰과 빨래가 / 같이 돌아가는 걸 보고 // 영희 씨가 깜짝 놀랐어요.

* '/': 의미 단위로 끊어서 읽습니다. 0.5초 정도 쉽니다. '//': 문장 단위로 끊어서 읽습니다. 1초 정도 쉽니다.

PASS 합격 노트

좋은 대답 ☺ 나쁜 대답 ☹

그림 ①	인터넷 쇼핑해요.	☹
	여자가 인터넷으로 쇼핑하고 있어요.	😐
	여자가 인터넷으로 쇼핑하고 있어요. 바지를 검색하고 있는 걸 보니 바지를 사고 싶은 모양이에요.	☺
	✔ 그림 속 인물의 행동을 자세히 설명해 주세요.	
그림 ②	치마가 왔어요.	☹
	그런데 집에 배송된 옷은 치마였어요. 여자가 주문한 옷이 아니에요.	😐
	며칠 뒤 주문한 물건이 도착했어요. 그런데 박스를 열어보니 여자가 주문한 바지가 아니라 치마가 배송된 거예요.	☺
	✔ 그림 속 상황을 자세히 설명해 주세요. ✔ 그림 ①과 연결될 수 있도록 연결어, 접속어를 사용해야 해요.	
그림 ③	이 여자는 인터넷 쇼핑몰에 전화했어요.	☹
	그래서 이 여자는 인터넷 쇼핑몰에 전화를 했어요.	😐
	그래서 이 여자는 인터넷 쇼핑몰에 전화해서 상황을 설명하고 교환을 요청했어요.	☺
	✔ 그림 ②의 상황과 연결해 그림 속 인물이 왜 전화를 하는지 설명해 주세요. ✔ 그림 ②와 연결될 수 있도록 연결어, 접속 부사를 사용해야 해요.	
그림 ④	또 치마가 왔어요.	☹
	그런데 또 다른 치마가 왔어요. 그래서 화가 났어요.	😐
	며칠 뒤 다시 물건이 도착했는데 주문한 것과 다른 모양의 치마가 왔네요. 두 번이나 배송이 잘못되어서 그런지 여자가 화가 난 얼굴이에요.	☺
	✔ 그림 속의 상황을 자세히 설명해 주세요. ✔ 그림 ③과 연결될 수 있도록 연결어, 접속어를 사용해야 해요. ✔ 상황에 따라 바뀌는 그림 속 인물의 감정을 추측해 보세요.	

감정을 나타내는 어휘

▶ 그림 속 인물의 상황에 맞는 감정을 추측해 말할 때 사용할 수 있는 어휘입니다.

긍정적인 어휘	• 한국에 처음 왔을 때, 히엔 씨가 저를 많이 도와줘서 정말 **고마웠습니다.** • 고향 친구하고 오랜만에 만나서 맛있는 음식도 많이 먹고 이야기도 많이 나누면서 **즐거운(행복한)** 시간을 보냈어요. • 친구들과 땀 흘리면서 농구를 하고 집에 돌아와서 샤워하고 나면 기분이 **상쾌해요.** • 주말에 남자 친구를 만날 생각을 하니까 벌써부터 **설레고 행복해요.** • 공원에서 아이가 **신나게** 달리고 있어요. • 저는 어머니 목소리를 들으면 마음이 **편안해져요.**
부정적인 어휘	• 한국어로 단어가 생각나지 않을 때, **답답해요.** • 저는 한국에서 혼자 사는데 가끔 **외롭고 무서울** 때가 있어요. • 내일 말하기 시험을 잘 못 칠까봐 **걱정이 돼요.(불안해요.)** • 기다리고 기다리던 가수의 콘서트가 취소되어서 **서운하고 속상해요.(울고 싶어요.)** • 사랑하는 할머니가 돌아가셨을 때 너무 **슬펐어요.** • 기대한 것보다 시험 점수가 낮아서 **실망했어요.** • 다음 주에 고향으로 돌아가요. 친구들과 정이 많이 들어서 헤어지는 게 **아쉬워요.** • 수업 시간에 선생님께서 질문을 하셨는데 제가 한국어를 잘 못해서 다른 대답을 했어요. 친구들이 웃었는데 저는 정말 **창피했어요.(부끄러웠어요.)** • 친구가 약속 시간에 1시간이나 늦게 나와서 정말 **짜증이 났어요.(화가 났어요.)** • 새벽까지 아르바이트를 해서 아침에 일어나는 게 **힘들어요.** • 매일 밤늦게까지 게임을 한 게 **후회가 돼요.** • 숙제를 하는 게 솔직히 좀 **귀찮지만** 그래도 해야 돼요.
기타 어휘	• 처음 비행기를 탔을 때 얼마나 **긴장했는지** 몰라요. • 한국에서 우연히 고향 친구를 만나서 정말 **깜짝 놀랐어요.** 어떻게 여기에서 만날 수가 있어요? • 한국에 아는 사람이 없어서 주말에는 하루 종일 집에 혼자 있어요. 주말은 **심심해요.(따분해요.)** • 마리코 씨가 한국 회사에 취직했다고 들었어요. 정말 **부러워요.** 저는 언제쯤 취직을 할 수 있을까요? • 한국 사람들이 칭찬할 때 다른 사람의 머리를 쓰다듬는 걸 보고 정말 **이상하다**고 생각했어요. 우리 나라에서는 다른 사람의 머리를 만지면 안 돼요. • 길이 막혀서 면접 시간에 늦을까봐 **초조해요.(가슴이 조마조마해요.)**

CHAPTER 4

대화 완성하기

- 유형 소개 및 유형 분석
- 말하기 전략
- 핵심 말하기 구조
- 실전 말하기 전략
- 예상 문제
- 말하기 클리닉 (비음화, 유창하게 끊어 말하기)
- 합격 노트 (사자성어와 속담)

유형 소개 및 유형 분석

유형 소개

연습 > 1 > 2 > 3 > 4 > 5 > 6　　음량조절

4번 대화를 듣고 이어서 말하십시오.
40초 동안 준비하십시오, '삐' 소리가 끝나면 60초 동안 말하십시오.

질문　준비 (00:40)　답변 (01:00)

연습 > 1 > 2 > 3 > 4 > 5 > 6　　음량조절

4번 대화를 듣고 이어서 말하십시오.
40초 동안 준비하십시오, '삐' 소리가 끝나면 60초 동안 말하십시오.

두 사람이 아파트에 설치할 어린이 수영장에 대해 이야기하고 있습니다.
남자의 마지막 말을 듣고 여자가 할 말로 대화를 완성해 보세요. (화면에는 질문이 보이지 않습니다.)

질문　준비 (00:40)　답변 (01:00)

연습 > 1 > 2 > 3 > 4 > 5 > 6　　음량조절

4번 대화를 듣고 이어서 말하십시오.
40초 동안 준비하십시오, '삐' 소리가 끝나면 60초 동안 말하십시오.

두 사람이 아파트에 설치할 어린이 수영장에 대해 이야기하고 있습니다.
남자의 마지막 말을 듣고 여자가 할 말로 대화를 완성해 보세요. (화면에는 질문이 보이지 않습니다.)

질문　준비 (00:40)　답변 (01:00)

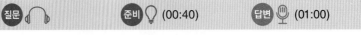

유형 분석

- 4번 문항은 두 사람의 대화를 듣고 맥락에 맞게 말하는 문제입니다.
- 공식적이거나 비공적인 상황에서 다른 사람에게 제안, 거절, 조언 등을 말하는 문제가 출제될 수 있습니다.
- '남자-여자-남자' 또는 '여자-남자-여자'의 대화를 듣고, 이어서 대화를 완성해야 합니다.
- 40초 동안 준비하고 60초 동안 대답을 합니다.
- 점수는 12점입니다.

문제 예시

두 사람이 배달 쓰레기에 대해 이야기하고 있습니다. 여자의 마지막 말을 듣고 남자가 할 말로 대화를 완성해보세요.

여자: 요즘 배달 음식을 주문하는 사람이 많아졌대요.
남자: 그러니까요. 근데 배달 음식 때문에 일회용 쓰레기가 많이 나와서 문제가 되더라고요.
여자: 아, 또 그런 문제가 생길 수 있네요. 그럼 어떻게 하는 게 좋을까요?

두 사람이 회사 동호회 가입에 대해 이야기하고 있습니다. 여자의 마지막 말을 듣고 남자가 할 말로 대화를 완성해 보세요.

여자: 지훈 씨, 왜 회사 동호회에 가입 안 했어요?
남자: 저는 따로 활동하는 동호회가 있어서 회사 동호회는 가입 안 하려고요.
여자: 회사 사람들이랑 같이 취미 생활을 하면 더 빨리 친해질 수 있는데, 가입해 보는 게 어때요?

말하기 전략

Step 1. 문제를 들으면서 두 사람이 무엇에 대해 이야기하고 있는지 파악합니다.

✔ '-에 대해' 앞부분에서 대화의 화제가 제시됩니다.
예) 두 사람이 아파트에 설치할 어린이 수영장에 대해 이야기하고 있습니다.

Step 2. 'A-B-A'의 대화 형식에서 'B'의 상황, 의도, 견해 등을 이해합니다.

남자(A): 우리 아파트에 어린이 수영장을 설치한다는 얘기 들었어요?
여자(B): 네. 그런데 아파트에 어린이 수영장을 설치하면 안전사고가 생길 것 같아요.
남자(A): 그건 안내문을 설치하면 될 것 같은데요. 그럼 어떻게 하는 게 좋을까요?

✔ 남자(A): 아파트 어린이 수영장 설치에 대한 정보 제공
✔ 여자(B): 아파트에 어린이 수영장 설치 반대

Step 3. 말하기에 필요한 구조와 어휘 등을 생각합니다.

Tip 1 제안, 조언, 거절, 의견 말하기 등의 말하기 구조를 미리 공부합니다.

※〈핵심 말하기 구조 참고〉 p.77

Tip 2 중급 수준 이상의 문법과 어휘를 사용하면 더 좋은 점수를 받을 수 있습니다.

Step 4. 대화의 마지막 말을 듣고 맥락에 맞게 말하기를 시작합니다.

✔ 여자(B)의 입장에서 일관성 있게 말하기
'아파트에 어린이 수영장 설치 반대'의 태도를 유지

Step 5. 논리적으로 완결성 있게 말합니다.

✔ 의견 말하기

의견 말하기	제 생각에는 안내문을 설치해도 문제가 해결될 것 같지는 않아요.
이유 말하기	사람들이 안내문을 잘 읽어 보지도 않고, 수영장에서는 눈 깜짝할 사이에 사고가 일어날 때가 많아서요. 특히 어린이들은 더 주의가 필요하고요. 그렇기 때문에 아파트 안에 어린이 수영장을 설치하는 건 안 좋은 것 같아요.
재확인	어린이 수영장은 아파트가 아니라 전문 체육 시설에 설치하는 게 더 안전하죠.

핵심 말하기 구조

4번 문항에서 활용할 수 있는 말하기 구조입니다. 말하기 구조에 따라 말할 수 있도록 연습해 보세요.

1 제안, 조언하는 말하기

문제 상황 확인하기	제안, 조언하기	이유, 예시 말하기
앞서 말한 내용을 한 번 더 이야기하며 문제 상황 확인하기	상황에 맞는 제안, 조언하기	구체적인 이유나 예시 말하기

관련 표현 (제안, 조언하기)
- 제 생각에는 (조언) 좋을 것 같아요.
- 저는 (조언)는 게 좋을 것 같은데요.
- (조언)는 게/건 어때요?
- (조언)지 그래요?
- (조언)았/었으면 좋겠어요.

관련 표현 (이유, 예시 말하기)
- 왜냐하면 (이유)잖아요.
- (이유)거든요.
- 예를 들어서 (예시)
- 저도 (예시) 경험이 있거든요.

제안, 조언하는 말하기 구조에 따라 이야기를 만들어 보세요.

❶ 하자가 있는 옷을 산 사람에게 환불하라고 조언해 보세요.

❷ 취미가 없어 심심한 사람에게 여러분이 가진 취미를 제안해 보세요.

정답 풀이

❶

Step ①	문제 상황 확인하기	집에 와서 보니까 옷에 하자가 있었다고요? 저런….
Step ②	제안, 조언하기	제 생각에는 환불하는 게 좋을 것 같아요.
Step ③	이유, 예시 말하기	이건 옷 가게에서 잘못한 거잖아요. 그러니까 환불을 하고 다른 옷 가게에서 옷을 사는 게 더 좋을 것 같은데요.

❷

Step ①	문제 상황 확인하기	취미가 없으면 심심할 수 있어요.
Step ②	제안, 조언하기	그러지 말고 시간이 있을 때 간단하게 달리기라도 하지 그래요?
Step ③	이유, 예시 말하기	달리기를 하면 몸도 건강해질 뿐만 아니라 기분도 좋아지거든요. 그리고 특별한 준비물이 없어도 언제 어디서든지 할 수 있어서 좋은 것 같아요.

2 거절하는 말하기

공감하기	사과, 거절하기	이유, 대안 말하기
상대방이 말한 것을 다시 말하며 공감하기	사과하며 거절하기	거절한 구체적인 이유나 대안 말하기

관련 표현 (사과, 거절하기)

- 미안해요. 어떡하죠?
- 그런데 그건 좀 힘들/곤란할 것 같아요.
- 미안한데 (상대방의 제안)을/를 못 할 것 같아요.

관련 표현 (이유, 대안 말하기)

- 제가 (거절하는 이유) 때문에 (상대방의 제안) (으)ㄹ 수 없어요.
- 대신에 제가 (대안) (으)ㄹ게요.

거절하는 말하기 구조에 따라 이야기를 만들어 보세요.

❶ 과제를 도와달라고 하는 사람에게 거절해 보세요.

❷ 주말에 영화를 같이 보자고 하는 사람에게 거절해 보세요.

정답 풀이

❶

Step ①	공감하기	과제가 어려워서 혼자하기가 힘들지요?
Step ②	사과, 거절하기	그런데 어떡하죠? 과제를 도와주는 건 좀 힘들 것 같아요.
Step ③	이유, 대안 말하기	사실 저도 지금 해야 하는 과제가 많이 남아서요. 도와주고 싶은데 제 상황도 이래서 참 곤란하네요. 정말 미안해요.

❷

Step ①	공감하기	저도 그 영화 정말 보고 싶었는데
Step ②	사과, 거절하기	이번 주말에는 선약이 있어서 같이 영화를 못 볼 것 같아요. 미안해요.
Step ③	이유, 대안 말하기	이미 한 달 전부터 정해진 선약이라 취소할 수가 없네요. 대신에 다음 주라도 시간 괜찮으면 같이 보러 갈래요? 제가 팝콘하고 커피도 살게요.

3 의견 말하기

의견 말하기	이유 말하기	재확인하기
상황에 맞게 나의 의견 말하기	의견에 대한 이유 설명하기	나의 의견을 강조하며 재확인하거나 대안 제시하기

관련 표현
- 저는 (의견)다고 생각해요.
- 제 의견은 (의견)이에요/예요.
- 제 생각에는 (의견) (으)ㄴ/는/(으)ㄹ 것 같아요.
- 저는 (의견)고 싶어요.

관련 표현
- 물론 (의견에 대한 단점)도 있지만 (의견에 대한 장점).
- 그래서 저는 (의견 재확인).

의견 말하기 구조에 따라서 이야기를 만들어 보세요.

❶ 팬클럽 활동을 하는 것에 대해 자신의 의견을 말해 보세요.

❷ 최근 귀농하는 사람들이 늘어난 이유에 대해 말해 보세요.

정답 풀이

❶ 1) 팬클럽 활동을 하는 것에 대해 긍정적인 의견 말하기

Step ①	의견 말하기	저는 팬클럽 활동이 생활의 활력소가 될 거라고 생각해요.
Step ②	이유 말하기	팬클럽 활동을 하다보면 나와 관심이 맞는 친구도 만날 수 있고 좋아하는 연예인을 만날 수도 있잖아요.
Step ③	재확인하기	물론 팬클럽 활동을 하면 콘서트 표나 연예인 물건을 사야해서 돈이 들 수도 있지만 팬클럽 활동에 좋은 점이 더 많은 것 같아요. 그래서 저는 팬클럽 활동은 정말 괜찮다고 생각해요.

2) 팬클럽 활동을 하는 것에 대해 부정적인 의견 말하기

Step ①	의견 말하기	제 생각에는 팬클럽 활동을 하면 아무래도 시간을 많이 빼앗길 것 같아요.
Step ②	이유 말하기	그래서 공부에도 방해가 되고 다른 일에 집중하기도 어렵겠죠.
Step ③	재확인하기	물론 좋아하는 연예인을 만날 기회가 많다는 장점도 있지만 팬클럽 활동을 하면 돈도 많이 들잖아요? 그래서 저는 팬클럽 활동 말고 다른 걸 했으면 좋겠는데요.

❷

Step ①	의견 말하기	저는 사람들의 가치관이 최근에 많이 변했다고 생각해요.
Step ②	이유 말하기	요즘은 복잡한 도시를 벗어나 생활보다는 좀 더 행복하고 여유로운 생활을 즐기고 싶은 사람들이 많아진 게 가장 큰 이유 같아요.
Step ③	재확인하기	그래서 귀농하는 사람들도 늘어난 게 아닐까요?

실전 말하기 전략

앞서 학습한 말하기 전략을 활용하여 단계별로 말하기 대답을 구성해 보세요.

- 4번 문항은 대화의 맥락에 맞게 상대의 말에 적절히 대응하는 문제입니다.
  대화를 잘 듣고 남자 또는 여자가 되어 상대방의 말에 적절히 대응하여 대화를 완성하세요.

두 사람이 배달 쓰레기에 대해 이야기하고 있습니다. 여자의 마지막 말을 듣고 남자가 할 말로 대화를 완성해 보세요.

여자(A): 요즘 배달 음식을 주문하는 사람이 많아졌대요.
남자(B): 그러니까요. 그런데 배달 음식 때문에 일회용 쓰레기가 많이 나와서 문제가 되더라고요.
여자(A): 아, 또 그런 문제가 생길 수 있네요. 그럼 어떻게 하는 게 좋을까요?

1단계 '남자(B)'의 상황(입장)을 파악합니다.

남자(B): 그러니까요. 그런데 배달 음식 때문에 일회용 쓰레기가 많이 나와서 문제가 되더라고요.

→ 배달 쓰레기에 대해 부정적으로 생각하고 있음.

2단계 상황에 맞는 말하기 구조를 생각해 봅시다.

여자(A): 아, 또 그런 문제가 생길 수 있네요. 그럼 어떻게 하는 게 좋을까요?

→ 남자에게 조언을 구하고 있음.

	조언하는 말하기 구조
Step ①	문제 상황 확인하기
Step ②	제안, 조언하기
Step ③	이유, 예시 말하기

3단계 조언하는 말하기 구조에 맞게 사용할 수 있는 어휘, 내용들을 생각해 봅시다.

	조언하는 말하기 구조	관련 어휘, 내용
Step ①	문제 상황 확인하기	배달 음식, 쓰레기 많이 나옴
Step ②	제안, 조언하기	쓰레기를 줄여야 함
Step ③	이유, 예시 말하기	쓰레기를 줄일 수 있는 방법 (일회용 수저 안 받기, 플라스틱 그릇 씻어서 버리기)

4단계 실제로 말해 봅시다. A 40

일회용품을 쓰는 게 편하기는 하죠. 그런데 그렇게 무심코 버린 일회용 쓰레기는 환경과 사람에게 안 좋은 영향을 미쳐요. 일회용 쓰레기를 줄이기 위해서는 내가 할 수 있는 가장 쉬운 방법부터 시작하면 돼요. 저는 지금 개인 컵을 사용하고 있어요. 테이크아웃 음료를 마실 때 마다 개인 컵을 사용하면 일회용 쓰레기를 줄이는 데 도움이 되거든요. '시작이 반이다'라는 말처럼 개인 컵을 사용하는 것부터 같이 시작해 볼래요?

연습 문제 ①

두 사람이 회사 동호회 가입에 대해 이야기하고 있습니다. 여자의 마지막 말을 듣고 남자가 할 말로 대화를 완성해 보세요.

여자(A): 지훈 씨, 왜 회사 동호회에 가입 안 했어요?
남자(B): 저는 따로 활동하는 동호회가 있어서 회사 동호회는 가입 안 하려고요.
여자(A): 회사 사람들이랑 같이 취미 생활을 하면 더 빨리 친해질 수 있는데 가입해 보는 게 어때요?

1단계 자신이 '남자(B)'라고 생각하고 '남자(B)'의 상황에 맞게 이야기할 준비를 합니다.

2단계 상황에 맞는 말하기 구조를 생각해 봅시다.

3단계 말하기 구조에 맞게 사용할 수 있는 어휘, 내용들을 생각해 봅시다.

4단계 실제로 말해 봅시다. A 41

〈거절하기〉
① 공감하기
② 사과, 거절하기
③ 이유, 대안 말하기

연습 문제 ②

두 사람이 청소년들의 신조어 사용에 대해 이야기하고 있습니다. 남자의 마지막 말을 듣고 여자가 할 말로 대화를 완성해 보세요.

남자(A): 현주 씨, 혹시 '갑분싸'라는 말 들어 봤어요?
여자(B): 그거 '갑자기 분위기가 싸해진다'의 줄임말 아니에요?
남자(A): 저는 얼마 전에 처음 알았는데, 청소년들이 이렇게 말을 줄여서 쓰는 게 저는 영 별로예요. 무슨 말을 하는지 알아들을 수가 없어서요. 현주 씨는 어떻게 생각해요?

1단계 '여자(B)'의 상황(입장)을 파악합니다.

2단계 상황에 맞는 말하기 구조를 생각해 봅시다.

3단계 말하기 구조에 맞게 사용할 수 있는 어휘, 내용들을 생각해 봅시다.

4단계 실제로 말해 봅시다. A 42

〈의견 말하기〉
① 의견 말하기
② 이유 말하기
③ 재확인하기

예상 문제

◎ 난이도
★쉬움 ★★보통 ★★★어려움

★
1. 두 사람이 대학원 진학에 대해 이야기하고 있습니다. 여자의 마지막 말을 듣고 남자가 할 말로 대화를 완성해보세요.

T 38
A 43

여자: 대학교 생활도 쏜살같이 지나갔네요.
남자: 수진 씨는 이번에 대학원에 진학해서 계속 공부한다면서요?
여자: 그게, 지난번 대학원 입학시험에도 떨어지고 전공 공부도 잘 안 돼서 공부를 그만둘까 고민하고 있어요.

★
2. 두 사람이 동아리 가입에 대해 이야기하고 있습니다. 여자의 마지막 말을 듣고 남자가 할 말로 대화를 완성해 보세요.

T 39
A 44

여자: 너 어느 동아리에 가입할지 결정했어?
남자: 응. 나는 가요를 좋아해서 K-POP 동아리에 가입했어. 너는?
여자: 안 그래도 지금 고민 중이야.

★
3. 두 사람이 학업과 아르바이트에 대해 이야기하고 있습니다. 남자의 마지막 말을 듣고 여자가 할 말로 대화를 완성해 보세요.

T 40
A 45

남자: 휴~ 요즘 아르바이트 때문에 너무 피곤하고 힘드네.

여자: 그래서 요즘 종종 결석도 하고 수업 시간에 졸기도 했구나. 당분간 아르바이트를 쉬는 건 어때?

남자: 내가 아르바이트를 하지 않으면 부모님께 용돈을 받아야 해서…. 그럼 너무 죄송하잖아. 부모님도 힘드신데….

★★
4. 두 사람이 공중전화에 대해 이야기하고 있습니다. 여자의 마지막 말을 듣고 남자가 할 말로 대화를 완성해 보세요.

T 41
A 46

여자: 아직도 공중전화가 있네. 난 이제 없어진 줄 알았는데….

남자: 무슨 소리야. 급할 때 공중전화를 써야 하는 사람들도 있는데….

여자: 꼭 필요할 때는 다른 사람에게 휴대폰을 빌리면 되는 거 아냐?

★★
5.
T 42
A 47

두 사람이 회사를 계속 다닐지 그만 둘지에 대해 이야기하고 있습니다. 여자의 마지막 말을 듣고 남자가 할 말로 대화를 완성해 보세요.

여자: 요즘 회사를 계속 다녀야 할지 다른 회사로 옮겨야 할지 고민 중이야.

남자: 왜? 무슨 일 있어? 전에 너희 회사 좋다고 하지 않았어?

여자: 응, 처음에는 연봉이 높아서 마음에 들었는데 너무 일이 많아서 내 시간이 없어. 주말에도 출근하는 날이 많아.

★★
6.
T 43
A 48

두 사람이 층간 소음에 대해 이야기하고 있습니다. 여자의 마지막 말을 듣고 남자가 할 말로 대화를 완성해 보세요.

여자: 민수 씨, 저 요즘 힘든 일이 있어요.

남자: 수민 씨, 무슨 일이에요? 그러고 보니 기운이 없어 보여요.

여자: 얼마 전에 윗집이 새로 이사 왔는데 층간 소음 때문에 밤에 잠을 잘 못 자요. 애들이니까 이해해 보려고 해도 계속 반복되니까 너무 힘드네요.

★★
7.
T 44
A 49

두 사람이 퇴근 후 저녁 식사에 대해 이야기하고 있습니다. 남자의 마지막 말을 듣고 여자가 할 말로 대화를 완성해보세요.

남자: 김 과장님, 벌써 8시네요. 저희 얼른 퇴근합시다.
여자: 네, 일하다 보니 시간이 벌써 이렇게 됐네요.
남자: 시간도 늦었는데 같이 저녁 식사나 하고 들어갈까요?

★★★
8.
T 45
A 50

두 사람이 남성의 육아 휴직에 대해 이야기하고 있습니다. 여자의 마지막 말을 듣고 남자가 할 말로 대화를 완성해 보세요.

여자: 그 소식 들었어요? 이번에 박 과장님도 육아 휴직을 신청했대요.
남자: 네. 우리 회사 남자 직원들도 육아 휴직을 신청하는 사람들이 늘어나고 있네요.
여자: 네, 분위기가 많이 바뀌었네요. 앞으로도 계속 이렇겠죠?

1. 발음 (비음화) T 46

두 마리 토끼를 다 잡는[**잠는**] 건 힘들어.
업무[**엄무**]가 많지만 연봉이 높은 게 나은지 잘 생각해봐.

▶ 받침 발음 [ㄱ, ㄷ, ㅂ]가 앞뒤에 'ㄴ, ㅁ'을 만나면 [ㅇ, ㄴ, ㅁ]로 발음합니다.
받침 'ㅁ, ㅇ' 뒤에 'ㄹ'가 있으면 'ㄹ'은 [ㄴ]으로 발음합니다.

'비음화' 발음에 주의하면서 말해 봅시다. T 47

'못'의 발음은 '[몯]'이기 때문에 받침 발음 [ㄷ]이 있어요.

❶ 저녁도 **못 먹고** 일했더니 배가 고프네요.
❷ 물론 청소년들의 지나친 신조어 사용을 **염려하는** 사람들도 있을 거예요.

'비음화' 발음을 확인해 봅시다.
❶ [몬 먹꼬]
❷ [염녀하는]

2. 유창하게 끊어 말하기

❶ 60초 동안 말하는 문제입니다. 너무 빨리 끝내거나 시간이 지나면 안 됩니다.
적절한 시간을 지킬 수 있도록 타이머를 켜고 연습해 보세요.
❷ 어디에서 끊어 읽으면 좋을지 생각하면서 연습해 보세요.
❸ 여러 번 반복해서 연습해 보세요.

음성을 들으면서 나의 말하기와 비교해 보세요. T 48

층간 소음 때문에 잠을 잘 못 자서 힘들겠네요. 일단은 윗집 사람들이랑 먼저 이야기를 해보는 게 중요한 것 같아요. 사실 자기 집에서 나는 소리가 얼마나 큰 지 잘 모르는 경우가 많더라고요. 근데 이야기를 해도 계속 그러면 아파트 관리 사무실에도 이야기해 봐요. 거기까지 안 가면 더 좋겠지만 층간 소음을 중재해 주는 곳에 민원을 신청하는 방법도 있어요.

속도, 발음, 끊어 읽기에 유의하면서 연습해 보세요.

층간 소음 때문에 / 잠을 잘 / 못 자서 힘들겠네요. // 일단은 / 윗집 사람들이랑 먼저 이야기를 해보는 게 / 중요한 것 같아요. / 사실 / 자기 집에서 나는 소리가 얼마나 큰 지 / 잘 / 모르는 경우가 많더라고요. // 근데 / 이야기를 해도 계속 그러면 / 아파트 관리 사무실에도 이야기해 봐요. / 거기까지 안 가면 더 좋겠지만 / 층간 소음을 중재해 주는 곳에 민원을 신청하는 방법도 있어요.

* '/': 의미 단위로 끊어서 읽습니다. 0.5초 정도 쉽니다. '//': 문장 단위로 끊어서 읽습니다. 1초 정도 쉽니다.

PASS 합격 노트

좋은 대답 ☺ 나쁜 대답 ☹

1. 제안, 거절, 조언하는 말하기

▶ 다른 사람에게 제안, 거절, 조언 등을 할 때에는 듣는 사람의 기분을 고려해서 직접적인 표현보다 간접적인 표현을 사용하는 것이 좋습니다.

대답	(조언) 떨어졌어도 다시 도전해!	☹
	(거절) 오늘은 같이 밥 못 먹어요.	
	✔ 명령이나 단정적인 표현보다 간접적인 표현을 사용합니다.	
	(조언) 다시 생각해 봤으면 좋겠어요.	😐
	(거절) 오늘은 좀 힘들 것 같아요.	
	✔ 듣는 사람의 기분을 고려해서 공감, 위로, 사과하는 표현을 사용합니다.	
	(조언) 그런 고민이 있었군요. 수진 씨, 공부가 많이 힘들었나 봐요. 그래도 대학교 생활도 잘 해 왔는데 여기에서 포기하는 건 너무 아까운 것 같아요. 다시 생각해 봤으면 좋겠어요.	☺
	(거절) 아, 미안해요. 어떡하죠? 저도 저녁 식사를 함께 하면 좋은데 오늘은 좀 힘들 것 같아요.	

2. 의견 말하기

▶ 어떤 문제에 대해서 의견을 이야기할 때에는 듣는 사람이 이해할 수 있는 적절한 이유를 이야기해야 합니다. 주관적인 느낌이나 기분보다는 객관적인 이유를 이야기하는 것이 좋습니다.

대답	나는 공중전화를 좋아하니까 휴대폰을 안 가지고 왔을 때는 공중전화를 이용하는 게 더 편해.	☹
	✔ 객관적인 이유를 이야기합니다.	
	휴대폰을 빌리는 게 상대방에게 부담을 줄 수도 있어. 그래서 나는 휴대폰을 안 가지고 왔을 때 공중전화가 더 편해.	😐
	✔ 왜 휴대폰을 빌리는 게 상대방에게 부담을 줄 수 있는지에 대해 이유를 자세히 이야기합니다.	
	휴대폰을 빌리는 게 상대방에게 부담을 줄 수도 있어. 요즘은 모르는 사람이 휴대폰을 빌려 달라고 할 때 선뜻 빌려주는 사람이 잘 없어. 휴대폰을 빌려 줬는데 그걸 악용하는 사람들이 있어서 말이야.	☺

사자성어와 속담

▶ 앞에서 공부했던 답변을 활용하여 사자성어와 속담을 이해해 봅시다.

✔ **고진감래 (= 고생 끝에 낙이 온다):** 고생한 끝에는 그 보람으로 즐거움이나 좋은 일이 오게 된다.

예 "**고진감래**라고 하잖아요. 이번 대학원 입학시험에 떨어졌다고 해도 포기하지 않고 열심히 하다 보면 좋은 기회가 다시 올 거예요."

- 고생(힘든 일): 열심히 공부하는 것
- 낙(즐거운 일): 좋은 기회, 대학원 입학

힘들고 어려운 상황 속에 있는 사람에게 조언하는 말하기를 할 때 사용하면 좋아요.

✔ **일석이조 (= 두 마리 토끼를 잡다):** 한 가지 일을 해서 두 가지 이익을 얻는다.

예 달리기를 하면 몸도 건강해질 뿐만 아니라 기분도 좋아져서 **일석이조**예요.

- 한 가지 일: 달리기
- 두 가지 이익: 건강, 기분

의견 말하기, 제안하기에서 구체적인 이유를 말할 때 사용하면 좋아요.

✔ **주객전도:** 중요한 것과 중요하지 않은 것, 급한 일과 급하지 않은 것 등의 순서가 뒤바뀌었다.

예 아르바이트 시간을 좀 줄여 보지 그래? 한국에서 공부하려고 아르바이트를 하는 건데 아르바이트를 한다고 공부를 못하는 건 **주객전도**인 것 같아.

- 주: 한국에서 공부
- 객: 아르바이트

의견 말하기, 제안하기에서 구체적인 이유를 말할 때 사용하면 좋아요.

✔ **격세지감:** 몰라보게 변하여 다른 세상이 된 것 같은 감정을 나타내는 표현이다.

예 예전과 달리 우리 회사 남자 직원들도 육아 휴직을 신청하는 사람들이 늘어나고 있어서 **격세지감**을 느껴요.

- 이전: 남성 육아 휴직이 잘 없었음
- 지금: 남성 육아 휴직이 늘었음

시간이 흘러 이전과 달리 많은 변화가 생긴 상황에서 사용하면 좋아요.

✔ 시간 관련 표현

- **쏜살같이:** 매우 빠름 / 아주 빠르게 느껴지는 경우

  예 차가 너무 **쏜살같이** 지나가서 잘 못 봤어요.
  저는 별로 한 것도 없는데 올해도 **쏜살같이** 지나갔네요.

- **눈 깜짝 할 사이(새):** 매우 짧은 시간 동안 / 아주 짧은 시간이라고 느껴지는 경우

  예 그 많은 음식을 **눈 깜짝할 사이**에 다 먹었더라고요.
  눈 깜짝할 새에 공연이 다 끝나서 너무 아쉬웠어요.

- **신선놀음에 도낏자루 썩는 줄 모른다:** 재미있는 일, 놀이 등에 너무 열중해서 중요한 것을 잊어버리거나 시간이 가는 줄 모름

  예 **신선놀음에 도낏자루 썩는 줄 모른다**고 밤새 게임하느라고 해가 뜬 것도 몰랐다니까요.

MEMO

CHAPTER 5

자료 해석하기

- 유형 소개 및 유형 분석
- 말하기 전략
- 핵심 말하기 구조
- 실전 말하기 전략
- 예상 문제
- 말하기 클리닉 (유음화, 유창하게 시간에 맞춰 말하기)
- 합격 노트 (숫자 읽기)

유형 소개

연습 > 1 > 2 > 3 > 4 > 5 > 6 음량조절

5번 자료를 설명하고 의견을 제시하십시오.
70초 동안 준비하십시오. '삐' 소리가 끝나면 80초 동안 말하십시오.

질문 준비 (01:10) 답변 (01:20)

연습 > 1 > 2 > 3 > 4 > 5 > 6 음량조절

5번 자료를 설명하고 의견을 제시하십시오.
70초 동안 준비하십시오. '삐' 소리가 끝나면 80초 동안 말하십시오.

뉴스를 듣고 자료에 제시된 사회 현상의 변화를 설명하십시오. 그리고 이러한 현상이 사회에 미치는 영향을 두 가지 말씀하십시오. (화면에는 질문이 보이지 않습니다.)

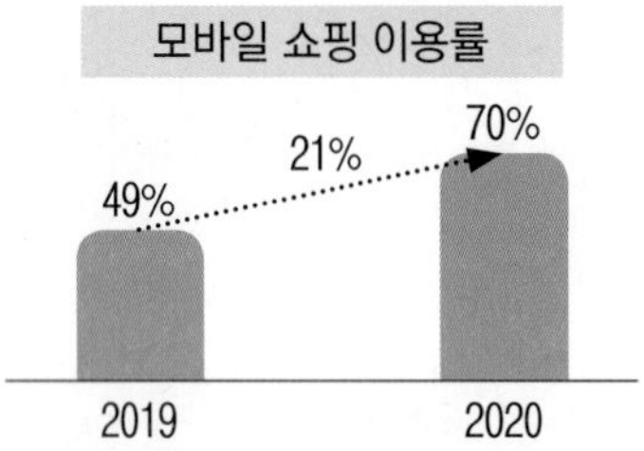

치솟는 '엄지족'
모바일 업계 호황

질문 준비 (01:10) 답변 (01:20)

연습 > 1 > 2 > 3 > 4 > 5 > 6 음량조절

5번 자료를 설명하고 의견을 제시하십시오.
70초 동안 준비하십시오. '삐' 소리가 끝나면 80초 동안 말하십시오.

뉴스를 듣고 자료에 제시된 사회 현상의 변화를 설명하십시오. 그리고 이러한 현상이 사회에 미치는 영향을 두 가지 말씀하십시오. (화면에는 질문이 보이지 않습니다.)

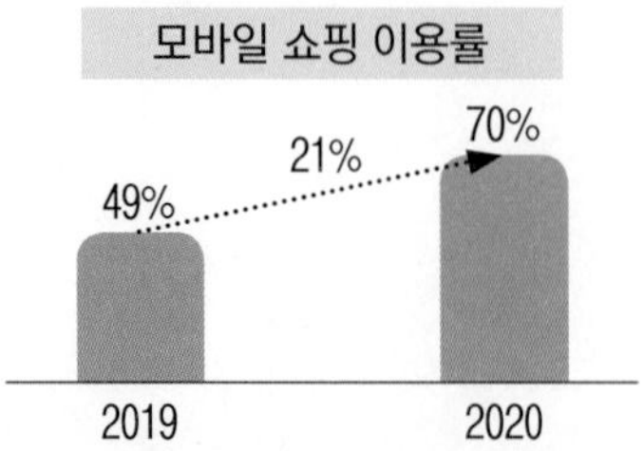

치솟는 '엄지족'
모바일 업계 호황

질문 준비 (01:10) 답변 (01:20)

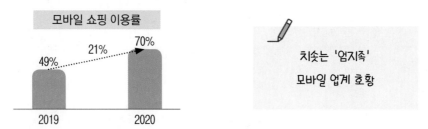

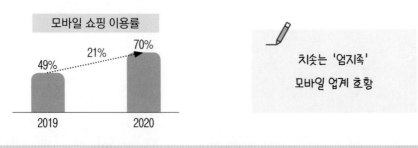

유형 분석

- 5번 문항은 자료를 보고 해석하여, 비판적으로 자신의 의견을 말하는 문제입니다.
- 사회적인 화제(경제, 과학, 대중매체, 문화, 예술, 정치, 환경 등)나 추상적인 화제의 시각 자료를 해석하는 문제가 출제될 수 있습니다.
- 말하기 전, 두 개의 듣기가 제시됩니다. 첫 번째 듣기는 무엇에 대해 말해야 하는지 알려 줍니다. 이어서 두 번째 듣기는 화면에 제시된 시각 자료와 관련된 간략한 설명이 제시됩니다.
- 70초 동안 준비하고 80초 동안 대답을 합니다.
- 점수는 15점입니다.

문제 예시

뉴스를 듣고 자료에 제시된 사회 현상의 변화를 설명하십시오. 그리고 이러한 현상이 사회에 미치는 영향을 두 가지 말하십시오.

★초등학생 희망 직업★

순위	2000년	2010년	2020년
1	선생님	요리사	IT관련 엔지니어
2	의사	선생님	크리에이터
3	요리사	가수	운동선수
4	경찰관	의사	뷰티 디자이너
5	가수	경찰관	요리사

초등학생 희망 직업의 다변화
새로운 직업이 뜨고 있다!

남자: 다음 뉴스입니다. 요즘 초등학생들이 선호하는 직업은 20년 전과 차이가 많이 나는데요. 조사 결과 초등학생 희망 직업이 더욱더 다양해지고 있으며 계속해서 새로운 직업도 뜨고 있는 것으로 나타났습니다.

사회자의 말을 듣고 자료에 제시된 사회 현상의 변화를 설명하십시오. 그리고 이러한 현상이 사회에 미치는 영향과 해결 방안에 대해 말하십시오.

밤새 켠 인공 불빛,
동식물 모두에 악영향

남자: 안녕하십니까? 오늘은 빛 공해에 대해 이야기를 좀 나눠 보려고 합니다. 최근 인공 조명으로 인해 여러 가지 문제가 야기되고 있습니다. 빛 공해로 피해를 받는 것은 비단 인간뿐만이 아니라는 점에서 매우 우려스러운 현상이라고 할 수 있습니다.

말하기 전략

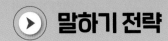

Step 1. 첫 번째 듣기를 통해 무엇에 대해 이야기해야 하는지 파악합니다.

뉴스를 듣고 자료에 ① **제시된 사회 현상**의 ② **변화**를 설명하십시오. 그리고 ③ **이러한 현상이 사회에 미치는 영향을 두 가지** 말하십시오.

① 제시된 시각 자료들의 사회 현상을 해석
② '증가했다(늘어났다), 감소했다(줄어들었다)' 와 같은 자료에 나타난 흐름을 파악
③ 자료를 통해 내 의견을 두 가지 말하기

Step 2. 두 번째 듣기를 통해 제시된 시각 자료에 대한 정보를 파악합니다.

남자: 다음 뉴스입니다. ① **요즘 스마트폰을 이용해서 쇼핑을 하는 사람들이 많은데요**. 조사 결과에 따르면 ② **2019년부터 2020년까지 모바일 쇼핑 이용률에 변화**가 있는 것을 확인할 수 있습니다. 같은 기간 ③ **모바일 쇼핑 업계 역시 변화**가 있었습니다.

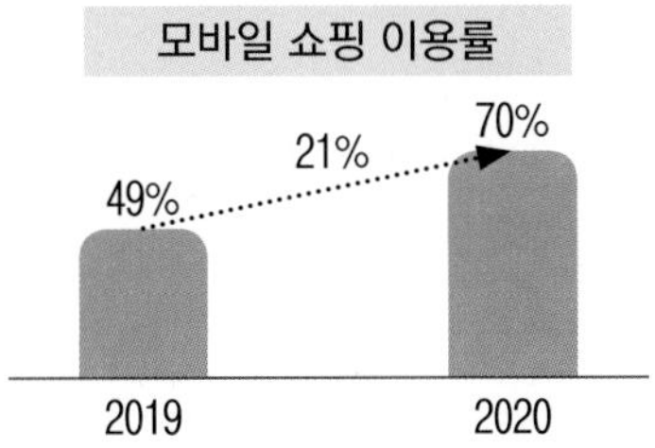

[자료 1]

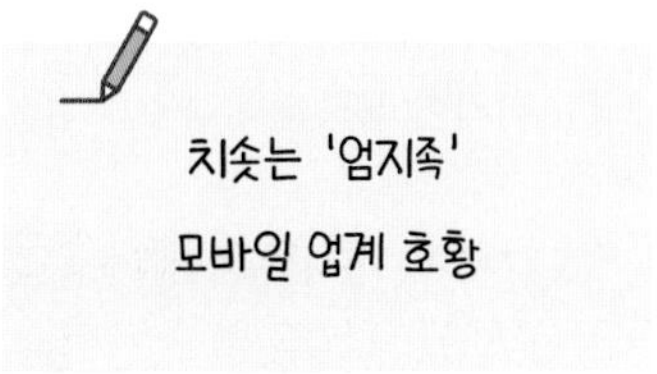

[자료 2]

① 화제: 스마트폰을 이용한 쇼핑(= 모바일 쇼핑) 증가
② '①'과 관련 있는 [자료 1] 그래프를 보고 1년 동안 모바일 쇼핑이 증가했다는 변화 확인
③ [자료 2]의 신문 헤드라인을 통해 모바일 쇼핑 업계도 긍정적인 영향이 있음을 파악
'모바일 쇼핑 이용률 증가 → 모바일 쇼핑 업계 호황'의 연관성을 이해함

※ [자료 1]과 [자료 2]는 연관성이 있습니다. 두 자료를 모두 활용하여 사회 현상과 나의 의견들을 말해야 합니다.

Step 3. 먼저 '시각 자료 해석 말하기'를 합니다.

Tip 1 그래프와 같은 시각 자료를 해석하는 말하기는 일정한 패턴이 있습니다. 자료 해석 말하기에 필요한 표현들을 연습합니다.

※〈핵심 말하기 구조 참고〉 p.99

Tip 2 시각 자료의 변화(증가, 감소 등)와 관련된 배경, 이유, 원인 등을 추론해서 말하는 것도 좋습니다.

Step 4. '시각 자료 해석 말하기' 후 '나의 의견 말하기'를 합니다.

Tip 제시된 자료와 관련된 원인, 전망, 영향 등을 말하기 위해서는 평소 신문, 뉴스, 책 등을 통해 다양한 배경 지식을 쌓고 자신의 생각을 정리하는 연습이 필요합니다.

Step 5. 자료와 관련된 자신의 의견을 논리적으로 일관되게 말합니다.

Tip 고급 수준의 문법과 어휘를 사용하면 더 좋은 점수를 받을 수 있습니다.

[자료 해석]

자료에 따르면 2019년(이천십구 년) 49%(사십구 퍼센트)였던 모바일 쇼핑 이용률은 2020년(이천이십 년)에 70%(칠십 퍼센트)로 증가했습니다. 1년(일 년) 동안 21%(이십일 퍼센트)가 증가한 것을 확인할 수 있습니다.

[자료에서 추론할 수 있는 원인 설명]

이러한 변화가 나타난 이유로 스마트폰의 보급 증가와 편리한 결제 시스템, SNS(에스엔에스)를 활용한 마케팅과 온라인 광고 시장의 확대를 꼽을 수 있습니다. 다시 말해 스마트폰으로 손쉽게 쇼핑을 할 수 있는 환경이 구축되었기 때문입니다. 엄지손가락을 이용해 민첩하게 스마트폰을 활용하는 '엄지족'이란 말도 이러한 배경에서 나왔습니다.

[사회에 미치는 영향]

이처럼 모바일 쇼핑이 증가하는 현상이 사회에 미치는 영향은 다음과 같습니다. 먼저 다양한 유통 채널을 통해 소비자들이 더 편리하고 저렴하게 쇼핑을 할 수 있다는 긍정적인 영향을 예상할 수 있습니다. 하지만 이런 장점에도 불구하고 소비자들이 직접 물건을 보고 구매할 수 없다 보니 상품에 대한 과대광고와 허위 광고가 많아졌다는 점에서 부정적인 영향도 예상해 볼 수 있습니다.

핵심 말하기 구조

5번 문항에서 활용할 수 있는 말하기 구조입니다. 말하기 구조에 따라 말할 수 있도록 연습해 보세요.

1 그래프 해석하기

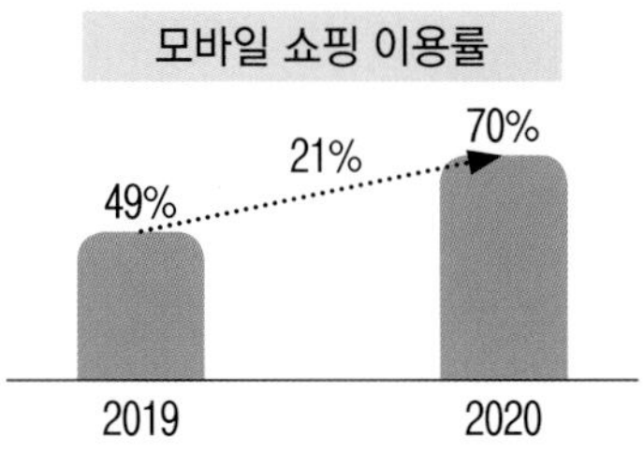

패턴 1

• 자료에 따르면 / 자료에 의하면 / 자료를 살펴보면

패턴 2

• (2019)년 (49%)였던 (모바일 쇼핑 이용률)은 (2020)년에는 (70%)로 (21%)가 (증가)했습니다.

• (2019)년부터 (2020)년까지 (1년) 동안 (모바일 쇼핑 이용률)은 (49%)에서 (70%)까지 (21%)가 (증가)했습니다.

• (모바일 쇼핑 이용률)은 (2019)년 (49%)였는데 (2020)년에는 (70%)로 (21%)가 (증가)했습니다.

2 원인 + 해결 방안

자료 해석	원인	해결 방안
[자료 1], [자료 2]를 해석하여 현황 설명하기	[자료 1], [자료 2]를 종합해 변화 원인 추측해서 말하기	원인을 바탕으로 해결 방안 말하기

관련 표현 (원인)

• 이러한 변화가 나타난 이유는 (원인)(이)라고 할 수 있습니다.

• (원인)이/가 (사회 현상)의 원인으로 볼 수 있습니다.

• (원인)이/가 (사회 현상)의 원인이라고 할 수 있습니다.

관련 표현 (해결 방안)

• (사회 문제)을/를 해결하기 위한 방법으로 (해결 방안)을/를 생각해 볼 수 있습니다.

• (해결 방안)(으)면 (문제점)을/를 해결할 수 있을 것이라 생각합니다.

• (해결 방안)이/가 (사회 문제)을/를 해결할 수 있는 방안이 아닐까 생각합니다.

'원인과 해결 방안'의 말하기 구조에 따라서 말해 봅시다.

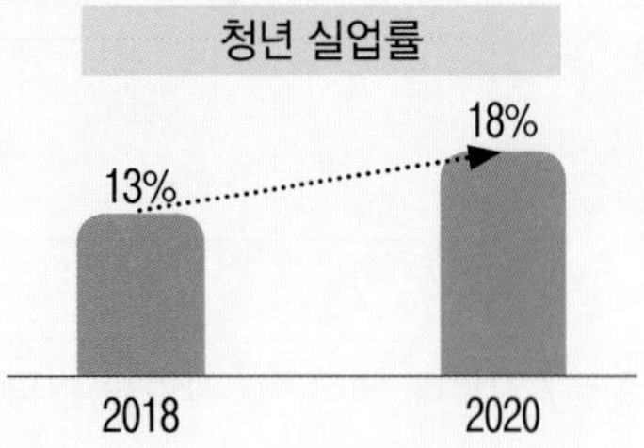

기계가 대체하는 일자리

Step ①	
Step ②	
Step ③	

정답 풀이

Step ①	자료 해석	자료에 따르면 2018년(이천십팔 년) 13%(십삼 퍼센트)였던 청년 실업률은 2020년(이천이십 년)에 18%(십팔 퍼센트)로 5%(오 퍼센트)가 증가했습니다. 이를 통해 청년 실업 문제가 심각하다는 것을 알 수 있습니다.
Step ②	원인	실효성 없는 청년 일자리 지원 제도가 청년 실업 문제의 원인이라고 할 수 있습니다. 그리고 기계가 사람의 일자리를 대체하고 있는 것도 원인으로 볼 수 있습니다.
Step ③	해결 방안	청년 실업 문제를 해결하기 위한 방법으로 기계가 할 수 없는 새로운 일자리를 창출하는 것을 생각해 볼 수 있습니다. 그리고 실제적인 일자리 창출을 위한 지원 제도를 개선하면 청년 실업 문제를 해결할 수 있을 것이라 생각합니다.

3 원인 + 전망

자료 해석	원인	전망
[자료 1], [자료 2]를 해석하여 현황 설명하기	[자료 1], [자료 2]를 종합해 변화 원인 추측해서 말하기	원인을 바탕으로 전망 말하기

관련 표현

- (문제, 상황)(으)로 인해 (전망) 이/가 될 것입니다.
- 이러한 (문제, 상황)은/는 계속 지속될 전망입니다.
- 이러한 추세로 보아 앞으로 (문제, 상황)은/는 꾸준히 감소/증가할 것으로 예상됩니다.

'원인과 전망'의 말하기 구조에 따라서 말해 봅시다.

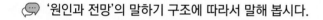

해수면 평균 높이 변화

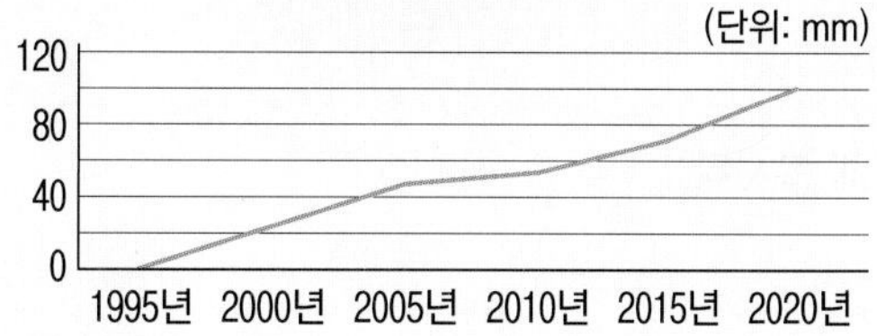

지구 온난화로 인해
계속 상승하는 해수면

Step ①	
Step ②	
Step ③	

정답 풀이

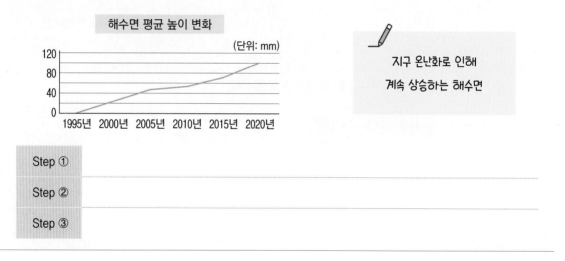

Step ①	자료 해석	자료에 따르면 1995년(천구백구십오 년)부터 2020년(이천이십 년)까지 지구 온난화로 인해 해수면 평균 높이가 계속해서 증가했다는 것을 알 수 있습니다.
Step ②	원인	이러한 변화가 나타난 이유는 인간의 활동으로 인해 탄소 배출량이 증가하였기 때문이라고 할 수 있습니다.
Step ③	전망	이러한 추세로 보아 앞으로도 해수면이 계속 상승할 것으로 예상됩니다. 해수면 상승이 계속 되면 빙하가 녹아 해안 지역이 침수될 것입니다. 그러면 생태계가 파괴되거나 이상 기후 현상이 발생할 가능성이 있습니다.

4 사회에 미치는 영향

자료 해석	원인	영향
[자료 1], [자료 2]를 해석하여 현황 설명하기	[자료 1], [자료 2]를 종합해 변화 원인 추측해서 말하기	원인을 바탕으로 영향 말하기

관련 표현

- 이처럼 (사회 현상)이/가 사회에 미치는 영향은 다음과 같습니다. 먼저 (영향)을/를 예상할 수 있습니다. 다음으로 (영향)을/를 예상해 볼 수 있습니다.
- (사회 현상)이/가 사회에 미치는 영향은 긍정적인 측면과 부정적인 측면에서 살펴볼 수 있습니다. 먼저 (긍정적인 측면)에서 긍정적인 영향이라고 할 수 있습니다. 하지만 (부정적인 측면)이/가 있다는 부정적인 영향도 예상해 볼 수 있습니다.

'원인과 영향'의 말하기 구조에 따라서 말해 봅시다.

대학 비대면 수업 진행

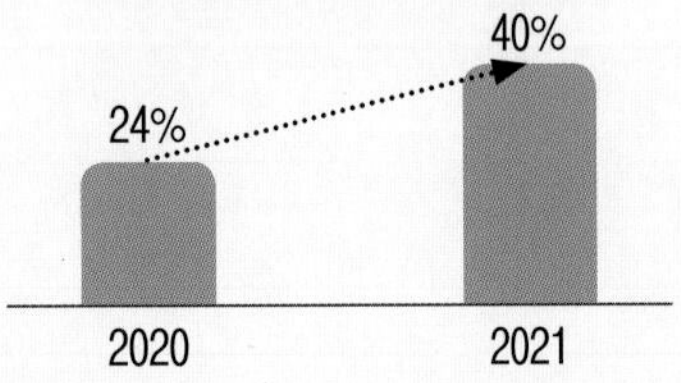

1년 넘게 실시한 비대면 수업,
'득과 실'은 무엇인가?

Step ①	
Step ②	
Step ③	

정답 풀이

Step ①	자료 해석	자료에 따르면 2020년(이천이십 년)부터 2021년(이천이십일 년)까지 1년(일 년) 동안 대학 비대면 수업 진행이 24%(이십사 퍼센트)에서 40%(사십 퍼센트)까지 증가했습니다.
Step ②	원인	코로나 바이러스의 확산으로 인한 거리두기 실시가 비대면 수업 진행 증가의 원인이라고 할 수 있습니다.
Step ③	영향	비대면 수업이 사회에 미치는 영향은 긍정적인 측면과 부정적인 측면에서 살펴볼 수 있습니다. 먼저 비대면 수업이 증가하면 시공간의 제약 없이 언제 어디에서든지 좋은 수업을 들을 수 있기 때문에 정보의 편차를 줄일 수 있다는 긍정적인 영향을 예상할 수 있습니다. 하지만 비대면 수업은 수업 외적으로 자연스럽게 이뤄질 수 있는 의사소통이나 사회성 교육이 이뤄지지 못한다는 점에서 교우 관계가 제한된다는 부정적인 영향도 예상해볼 수 있습니다.

5 사회에 미치는 영향 + 해결 방안

자료 해석	영향	해결 방안
[자료 1], [자료 2]를 해석하여 현황 설명하기	[자료 1], [자료 2]의 현황이 사회에 미치는 영향 말하기	사회 현황의 해결 방안 말하기

관련 표현

- (사회 문제)이/가 계속되면/지속되면 여러 가지 사회적 문제가 발생할 수 있습니다.
- 이러한 (사회 문제)은/는 사회에 부정적인 영향을 끼칠 수 있습니다.

※ 해결 방안을 묻는 문제는 보통 '부정적인 사회 현상'의 자료가 제시됩니다. 따라서 '사회 문제'와 '부정적인 영향'을 추측해 말하면 됩니다.

'영향과 해결 방안'의 말하기 구조에 따라서 말해 봅시다.

'악플러 강경 대응'
선처 없어….

Step ①	
Step ②	
Step ③	

정답 풀이

Step ①	자료 해석	자료에 따르면 사이버 공간에서 상대방을 비방, 험담하는 악의적인 댓글이 사회적인 문제로 나타나고 있음을 알 수 있습니다.
Step ②	영향	이러한 악의적인 댓글이 지속되면 여러 가지 사회적 문제가 발생할 수 있습니다. 예를 들어 개인의 인권 침해나 명예 훼손 등의 문제가 있습니다. 그리고 사이버 공간에서의 부정적인 집단 문화가 형성될 수 있습니다.
Step ③	해결 방안	악의적인 댓글 문제를 해결하기 위한 방법으로 법적 처벌 기준을 강화하는 것을 생각해 볼 수 있습니다. 그리고 인터넷 윤리 교육을 실시하는 것도 악의적인 댓글을 해결할 수 있는 방안이 아닐까 생각합니다.

실전 말하기 전략

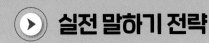

앞서 학습한 말하기 전략을 활용하여 단계별로 말하기 대답을 구성해 보세요.

- 5번 문항은 자료를 보고 해석하여, 비판적으로 자신의 의견을 말하는 문제입니다.
  앞서 학습한 말하기 구조에 맞게 적절한 대답을 구성해 보세요.

뉴스를 듣고 자료에 제시된 사회 현상의 변화를 설명하십시오. 그리고 이러한 현상이 사회에 미치는 영향을 두 가지 말하십시오.

★초등학생 희망 직업★

순위	2000년	2010년	2020년
1	선생님	요리사	IT관련 엔지니어
2	의사	선생님	크리에이터
3	요리사	가수	운동선수
4	경찰관	의사	뷰티 디자이너
5	가수	경찰관	요리사

초등학생 희망 직업의 다변화
새로운 직업이 뜨고 있다!

남자: 다음 뉴스입니다. 요즘 초등학생들이 선호하는 직업은 20년 전과 차이가 많이 나는데요. 조사 결과 초등학생 희망 직업이 더욱더 다양해지고 있으며 계속해서 새로운 직업도 뜨고 있는 것으로 나타났습니다.

1단계 무엇에 대해 이야기해야 하는지 생각해 봅시다.

뉴스를 듣고 자료에 제시된 사회 현상의 변화를 설명하십시오. 그리고 이러한 현상이 사회에 미치는 영향을 두 가지 말하십시오.

→ 자료에 제시된 사회 현상에 대한 설명과 이러한 현상으로 인한 영향

2단계 ▶ 자료를 해석해 봅시다.

[자료 1] 해석

★초등학생 희망 직업★

순위	2000년	2010년	2020년
1	선생님	요리사	IT관련 엔지니어
2	의사	선생님	크리에이터
3	요리사	가수	운동선수
4	경찰관	의사	뷰티 디자이너
5	가수	경찰관	요리사

✔ 2000년, 2010년, 2020년의 1순위가 다름.
(선생님 → 요리사 → IT관련 엔지니어)

✔ 2000년과 2010년에 없었지만 2020년에 순위에 나타난 직업이 있음.
(크리에이터, 운동선수, 뷰티 디자이너)

[자료 2] 해석

초등학생 희망 직업의 다변화
새로운 직업이 뜨고 있다!

✔ 초등학생들의 희망 직업이 다양해졌으며 새로운 직업이 생겼음.

→ [자료 1] + [자료 2]를 통해 나타난 사회 현황의 원인
: 이러한 변화가 나타난 이유는 과학 기술 등의 변화로 직업이 다양해졌기 때문

3단계 ▶ 이러한 현상이 사회에 미치는 영향을 생각해 봅시다.

긍정적 영향: 자신의 개성을 살려서 일을 할 수 있음. 기존의 힘든 일은 인공지능이 대신할 수 있어서 업무의 효율성과 생산성의 향상.

부정적 영향: 사라지는 직업이 생길 수 있음. 힘든 일을 기피하는 현상.

4단계 ▶ 말하기 구조에 맞게 실제로 말해 봅시다. A 51

자료에 따르면 초등학생이 가장 희망하는 직업이 2000년(이천 년)에는 선생님이었지만 2010년(이천십 년)에는 요리사, 2020년(이천이십 년)에는 IT(아이티) 관련 엔지니어로 변했다는 것을 알 수 있습니다. 그리고 2020년(이천이십 년)에 초등학생 희망 직업을 보면 이전에는 나타나지 않았던 엔지니어, 크리에이터, 뷰티 디자이너 등의 새로운 직업이 보입니다. 이러한 변화가 나타난 이유는 과학 기술 등의 변화로 직업이 다양해졌기 때문입니다. 이러한 현상이 사회에 미치는 영향은 부정적 측면과 긍정적 측면에서 살펴볼 수 있습니다. 먼저 새로운 직업이 뜨는 만큼 사라져가는 직업이 생길 수 있고, 힘든 일을 기피하는 현상이 생길 수 있다는 점에서 부정적 영향을 예상할 수 있습니다. 하지만 직업이 다양해지면서 자신의 개성을 살려서 일을 할 수 있고, 기존의 힘든 일은 인공지능이 대신할 수 있다는 점에서 업무의 효율성과 생산성의 향상을 이룰 수 있다는 긍정적인 영향도 예상해 볼 수 있습니다.

연습 문제 ①

사회자의 말을 듣고 자료에 제시된 사회 현상의 변화를 설명하십시오. 그리고 이러한 현상이 사회에 미치는 영향과 해결 방안에 대해 말하십시오.

밤새 켠 인공 불빛,
동식물 모두에 악영향

남자: 안녕하십니까? 오늘은 빛 공해에 대해 이야기를 좀 나눠 보려고 합니다. 최근 인공조명으로 인해 여러 가지 문제가 야기되고 있습니다. 빛 공해로 피해를 받는 것은 비단 인간뿐만이 아니라는 점에서 매우 우려스러운 현상이라고 할 수 있습니다.

1단계 무엇에 대해 이야기해야 하는지 생각해 봅시다.

2단계 자료를 해석해 봅시다.

3단계 이러한 현상이 사회에 미치는 영향과 해결 방안을 생각해 봅시다.

4단계 말하기 구조에 맞게 실제로 말해 봅시다. A 52

〈사회에 미치는 영향 + 해결 방안〉
① 자료 해석
② 영향
③ 해결 방안

연습 문제 ②

뉴스를 듣고 자료에 제시된 사회 현상의 변화를 설명하십시오. 그리고 이러한 현상의 원인과 전망을 두 가지 말하십시오.

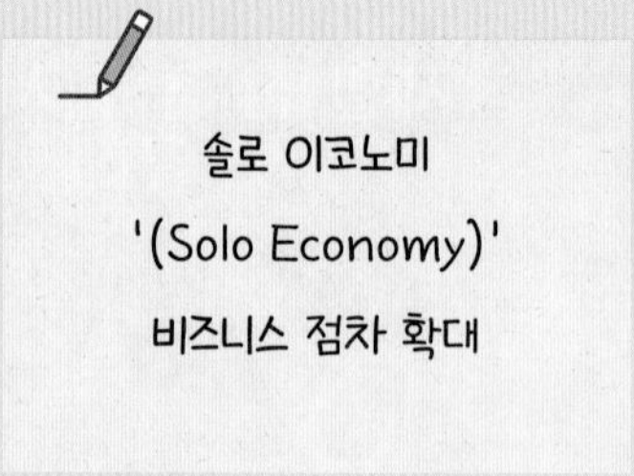

남자: 다음 뉴스입니다. '혼술, 혼밥'이라는 말, 들어보셨지요? 혼자만의 즐거움을 누리는 사람들이 늘어났습니다. 이런 현상은 가족의 모습에도 변화를 가져왔습니다. 조사 결과 2010년부터 2020년까지 1인 가구의 비율에 변화가 있었습니다.

1단계 무엇에 대해 이야기해야 하는지 생각해 봅시다.

2단계 자료를 해석해 봅시다.

3단계 이러한 현상이 사회에 미치는 영향과 해결 방안을 생각해 봅시다.

4단계 말하기 구조에 맞게 실제로 말해 봅시다. A 53

〈원인 + 전망〉
① 자료 해석
② 원인
③ 전망

예상 문제

◎ 난이도
★쉬움 ★★보통 ★★★어려움

★★
1. 뉴스를 듣고 자료에 제시된 사회 현상의 변화를 설명하십시오. 그리고 이러한 현상이 사회에 미치는 영향을 두 가지 말하십시오.

T 49
A 54

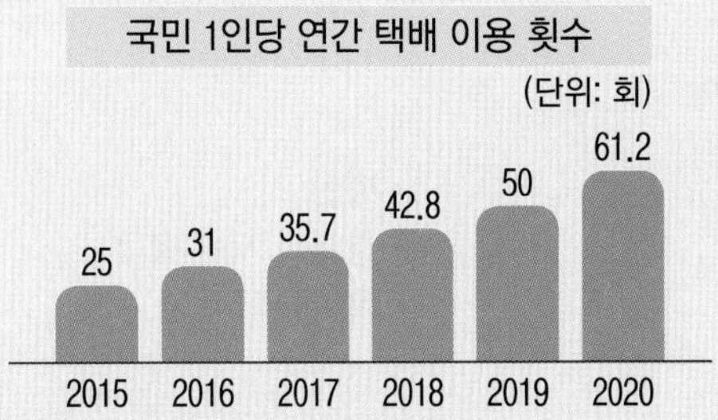

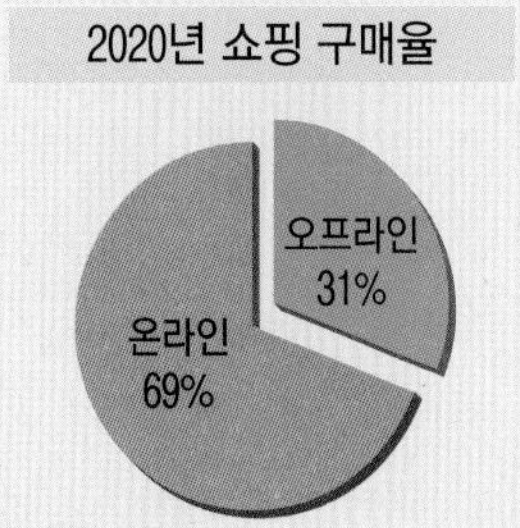

남자: 다음 뉴스입니다. 요즘 택배를 이용하는 사람들이 많은데요. 조사 결과 2015년부터 2020년까지 국민 1인당 택배 이용 횟수에 변화가 있었습니다. 같은 기간 쇼핑 구매율도 온라인이 오프라인을 앞지른 것으로 나타났습니다.

★★★
2. 뉴스를 듣고 자료에 제시된 사회 현상의 변화를 설명하십시오. 그리고 이러한 현상이 사회에 미치는 영향과 해결 방안에 대해 말하십시오.

T 50
A 55

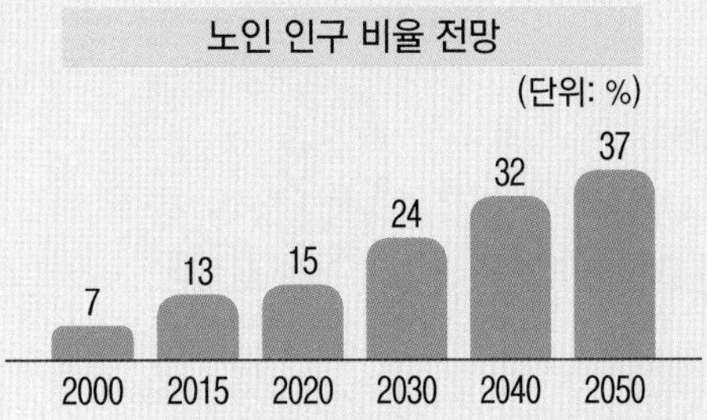

※ 총 인구 대비 전체 인구 비율

한국, 2050년에
노인 비중 세계 최고…
"가장 빠르게 고령화"

여자: 다음 뉴스입니다. 최근 전체 인구 대비 노인 인구의 비율이 크게 증가하였는데요. 조사 결과 2000년에 비해 2020년에는 노인 인구 비율이 증가한 것을 알 수 있습니다. 이러한 현상이 지속될 경우 2050년에는 노인 인구의 비율이 37%까지 증가할 것으로 예상됩니다.

★
3. 사회자의 말을 듣고 자료에 제시된 사회 현상의 변화를 설명하십시오. 그리고 이러한 현상이 사회에 미치는 영향과 해결 방안에 대해 말하십시오.

T 51
A 56

• 영향
- 노동력 감소
- 세대간 갈등

• 방안
- 경제적 지원 확대
- 육아휴직 제도 개선

※ 합계 출산율: 출산 가능한 여성(15세~49세)이 평생 낳는 자녀의 수

남자: 안녕하십니까? 오늘은 우리나라의 출산율에 대해 이야기를 좀 나눠 보려고 합니다. 최근 몇 년간 출산율의 변화가 나타나고 있습니다. 이런 변화가 계속되면 전체 인구에 미치는 영향으로 어떤 것들이 있을까요?

★★★
4. 뉴스를 듣고 자료에 제시된 사회 현상의 변화를 설명하십시오. 그리고 이러한 현상의 원인과 해결 방안을 말하십시오.

T 52
A 57

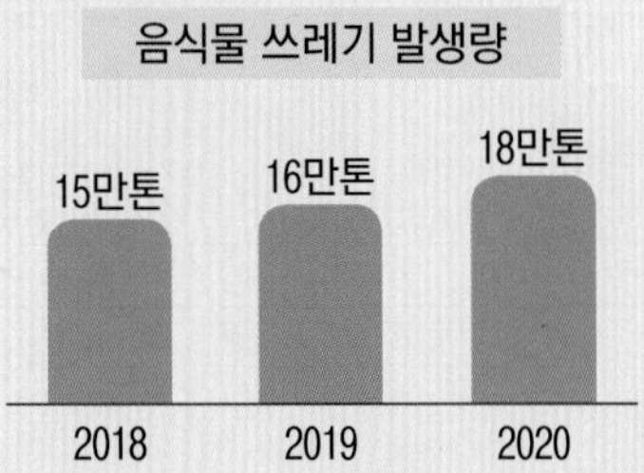

여자: 다음 뉴스입니다. 못 먹는 음식이나 남은 음식들을 음식물 쓰레기로 버리시지요? 조사 결과 2018년부터 2020년까지 음식물 쓰레기 발생량에 변화가 있었습니다. 이에 따라 음식물 쓰레기를 줄이기 위한 여러 가지 방안이 모색되고 있습니다.

★★
5.
T 53
A 58

뉴스를 듣고 자료에 제시된 사회 현상의 변화를 설명하십시오. 그리고 이러한 현상의 원인과 해결 방안을 말하십시오.

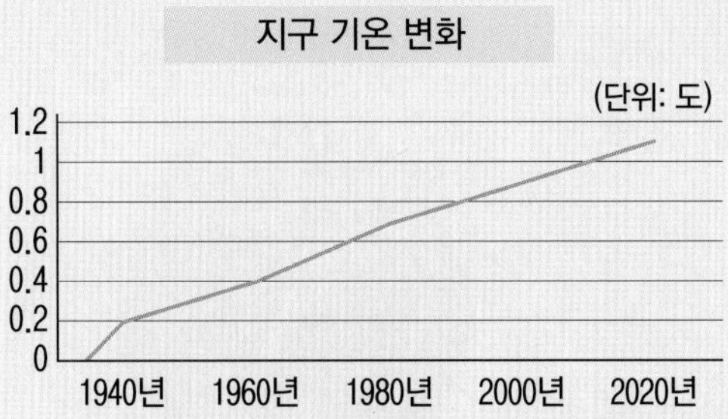

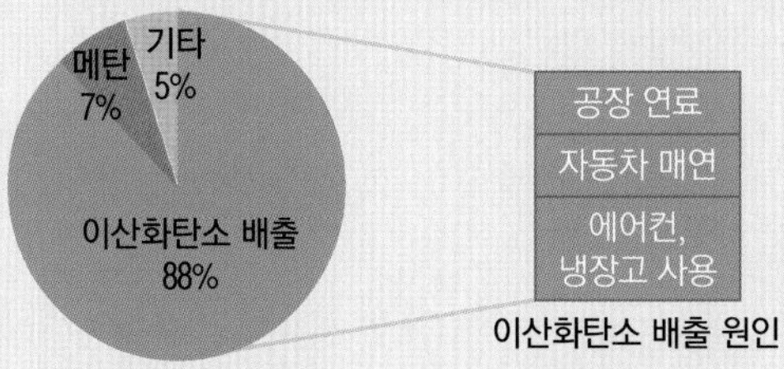

남자: 다음 뉴스입니다. 지구가 뜨거워지는 현상인 지구 온난화라는 말, 들어보셨지요? 조사 결과 1940년부터 2020년까지 지구 기온에 큰 변화가 있었습니다. 이러한 지구 온난화의 원인으로는 이산화탄소 배출을 꼽을 수 있겠습니다.

★★
6.
T 54
A 59

뉴스를 듣고 자료에 제시된 사회 현상의 변화를 설명하십시오. 그리고 이러한 현상의 원인과 해결 방안을 말하십시오.

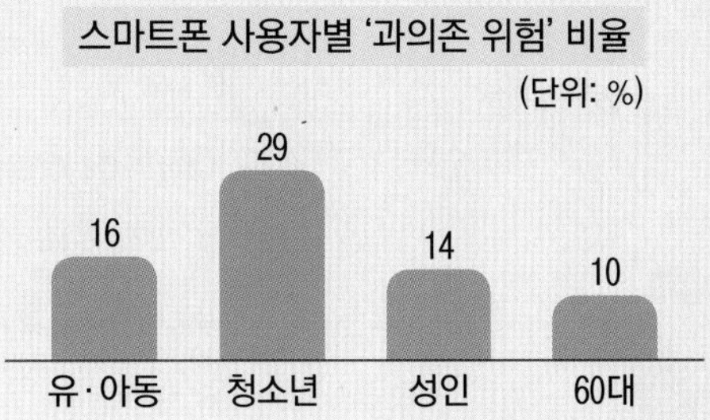

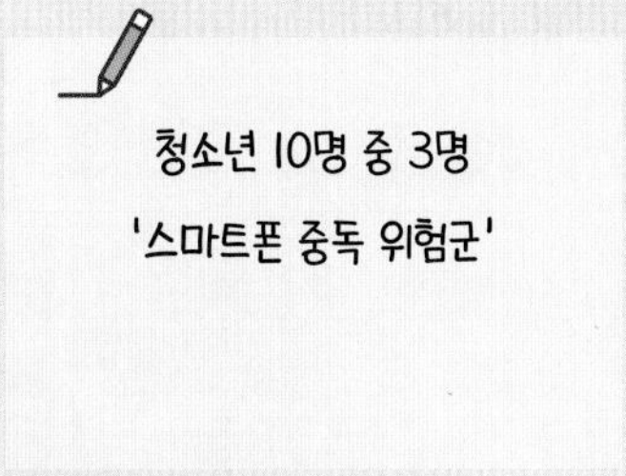

남자: 다음 뉴스입니다. 최근 스마트폰 사용자가 늘면서 스마트폰 과의존 현상도 높아지고 있는데요. 조사 결과 사용자 연령별로 스마트폰 과의존 위험 비율이 다르게 나타났습니다. 특히 유 · 아동, 청소년들의 스마트폰 과의존 현상을 줄이기 위한 대책이 필요할 것으로 보입니다.

★★★
7. 뉴스를 듣고 자료에 제시된 사회 현상의 변화를 설명하십시오. 그리고 이러한 현상의 원인과 향후 과제를 말하십시오.

T 55
A 60

전자책 독서율

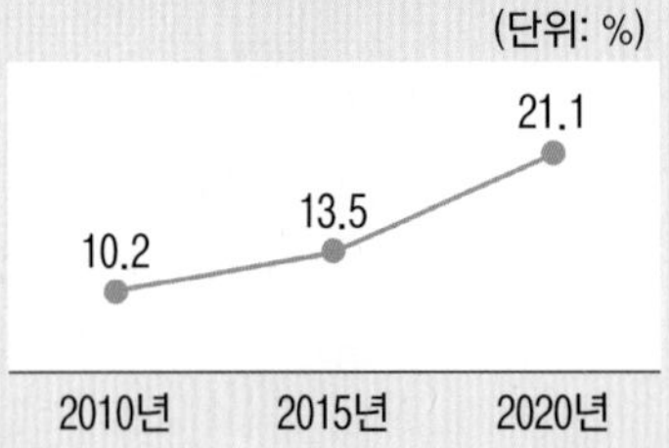

전자책을 읽는 이유

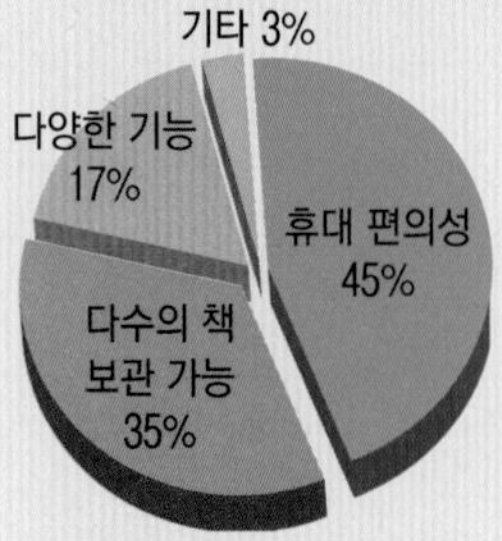

여자: 다음 뉴스입니다. 전자책으로 독서를 하는 사람들이 늘어나고 있는데요. 전자책을 읽는 이유도 다양했습니다. 전자책 이용 증가에 따른 향후 과제들에 대해서도 고민해 볼 시점인 것 같습니다.

★★
8. 뉴스를 듣고 자료에 제시된 사회 현상의 변화를 설명하십시오. 그리고 이러한 현상이 사회에 미치는 영향을 두 가지 말하십시오.

T 56
A 61

대면 수업과 비대면 수업 중 어떤 것을 선호 하십니까?

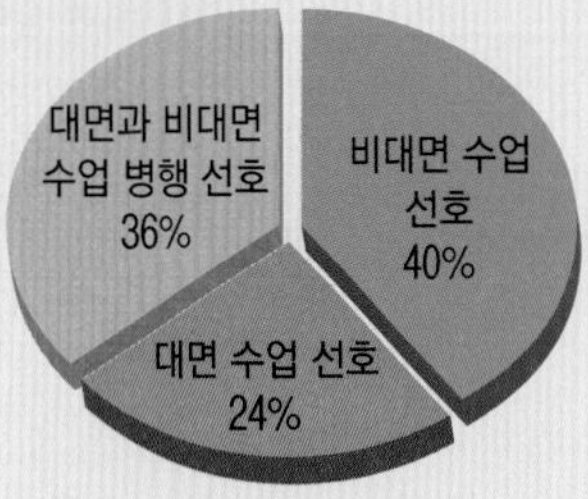

대학가에 뿌리 내리는
'메타버스'
비대면 교육 효과 톡톡

※ 메타버스(metaverse): 현실 세계와 같이 가상 공간에서도 생활의 모든 분야가 구현되는 세계

남자: 다음 뉴스입니다. 최근 대학가에서 수업 방식의 변화가 일고 있습니다. 예전과 달리 비대면 수업의 비중이 점점 늘어나고 있는 건데요. 조사 결과를 보면 비대면 수업을 선호하는 학생들도 상당한 것으로 나타났습니다.

1. 발음 (유음화) T 57

온라인[**올라인**] 쇼핑이 늘었고 연이어 택배 이용 횟수도 증가하게 된 것입니다.
스마트폰 사용에 대한 적절한 지도와 관리[**괄리**]가 필요합니다.

▶ 'ㄴ'이 앞뒤에 'ㄹ'을 만나면 [ㄹ]로 발음합니다.
※ 의견란[의견난], 생산량[생산냥]처럼 유음화가 실현되지 않는 경우도 있습니다.

'유음화' 발음에 주의하면서 말해 봅시다. T 58

❶ 저는 그 친구의 **연락처**를 모르는데 어떡하죠?
❷ 어질러 놓은 것을 **원래대로** 해 놓느라 힘들어 죽을 뻔 했어요.
❸ **실내**에서 오래 생활하는 사람은 가능한 한 환기를 자주 해 주는 것이 좋습니다.

'유음화' 발음을 확인해 봅시다.

❶ [열락처] ❷ [월래대로] ❸ [실래]

2. 유창하게 시간에 맞춰 말하기

❶ 80초 동안 말하는 문제입니다. 너무 빨리 끝내거나 시간이 지나면 안 됩니다.
적절한 시간을 지킬 수 있도록 타이머를 켜고 연습해 보세요.
❷ 어디에서 끊어 읽으면 좋을지 생각하면서 연습해 보세요.
❸ 여러 번 반복해서 연습해 보세요.

음성을 들으면서 나의 말하기와 비교해 보세요. T 59

빛은 인간이 살아가기 위해 꼭 필요한 존재이지만 최근 이러한 빛 공해로 인하여 수면 장애를 호소하는 사람들이 늘고 있습니다.

이러한 빛 공해는 사람뿐만 아니라 여러 동식물에도 부정적인 영향을 끼칠 수 있습니다. 오늘날 빛 공해는 낮과 밤의 구분을 없애 동식물의 성장을 방해할 수 있으며 야행성 동물의 활동에도 지장을 주는 등 생태계를 교란시킬 수 있습니다.

빛 공해로 인한 문제를 해결하기 위한 방법은 개인적인 차원과 국가적 차원에서 생각해 볼 수 있습니다. 우선 개인적 차원에서는 수면 시에 조명을 사용하지 않고 침실을 최대한 어둡게 유지하며 취침 전에는 스마트폰이나 컴퓨터 등의 조명에 노출되지 않는 것이 좋습니다. 국가적 차원에서는 골목길 등에 계속 켜져 있는 가로등이 아니라 움직임 감지 시스템을 설치하고 빛이 하늘로 향하는 것을 차단하는 하향등을 설치하는 방법 등이 있을 것입니다.

속도, 발음, 끊어 읽기에 유의하면서 연습해 보세요.

빛은 / 인간이 살아가기 위해 / 꼭 필요한 존재이지만 // 최근 이러한 빛 공해로 인하여 / 수면 장애를 호소하는 사람들이 / 늘고 있습니다.

이러한 빛 공해는 / 사람뿐만 아니라 여러 동식물에도 / 부정적인 영향을 끼칠 수 있습니다. / 오늘날 빛 공해는 / 낮과 밤의 구분을 없애 / 동식물의 성장을 방해할 수 있으며 // 야행성 동물의 활동에도 지장을 주는 등 / 생태계를 교란시킬 수 있습니다.

빛 공해로 인한 문제를 / 해결하기 위한 방법은 // 개인적인 차원과 / 국가적 차원에서 생각해 볼 수 있습니다. / 우선 / 개인적 차원에서는 / 수면 시에 조명을 사용하지 않고 / 침실을 최대한 어둡게 유지하며 / 취침 전에는 스마트폰이나 컴퓨터 등의 조명에 / 노출되지 않는 것이 좋습니다. / 국가적 차원에서는 / 골목길 등에 계속 켜져 있는 가로등이 아니라 / 움직임 감지 시스템을 설치하고 // 빛이 하늘로 향하는 것을 차단하는 하향등을 / 설치하는 방법 등이 / 있을 것입니다.

* '/': 의미 단위로 끊어서 읽습니다. 0.5초 정도 쉽니다. '//': 문장 단위로 끊어서 읽습니다. 1초 정도 쉽니다.

PASS 합격 노트

좋은 대답 ☺ 나쁜 대답 ☹

▶ 뉴스를 듣고 자료에 제시된 사회 현상의 변화를 설명하십시오. 그리고 이러한 현상의 원인과 전망을 두 가지 말하십시오.

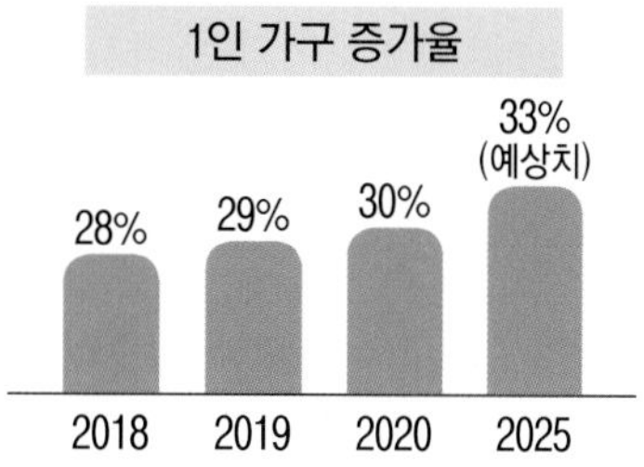

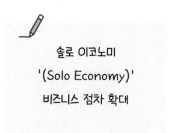

솔로 이코노미
'(Solo Economy)'
비즈니스 점차 확대

대답	자료에 따르면 2018년부터 2020년까지 1인 가구는 꾸준히 증가하고 있다.	☹
	✔ '-ㄴ/는다'는 글을 쓸 때 사용하는 표현입니다. 말하기를 할 때는 사용하지 않습니다.	
	자료에 따르면 2018년부터 2020년까지 1인 가구는 꾸준히 증가하고 있어요.	😐
	✔ 자료를 설명하고 자신의 의견을 말할 때는 격식적 구어체인 '-ㅂ/습니다'를 사용합니다.	
	자료에 따르면 2018년부터 2020년까지 1인 가구는 꾸준히 증가하고 있습니다.	☺

1. 자료 해석

대답	자료에 따르면 1인 가구 증가율은 2018년도에는 28%였고, 2019년도에는 29%로 1% 증가하였습니다. 그리고 2020년도에는 2019년에 비해서 1% 더 증가하여 30%가 되었고 2025년도에는 33%에 이를 것으로 예상됩니다. 2018년부터 2020년까지 1인 가구를 살펴보면 28%에서 30%로 꾸준히 증가해왔다는 것을 알 수 있고, 2025년에는 33%까지 증가할 것임을 알 수 있습니다.	😐
	✔ 자료 해석을 자세히 할 필요는 없습니다. 이 문제는 '자료를 얼마나 잘 설명하느냐?'가 아니라 '자료를 가지고 자신의 의견을 얼마나 잘 표현할 수 있느냐?'입니다. 따라서 자료에서 중요한 부분들만 설명하면 됩니다.	
	자료에 따르면 2018년부터 2020년까지 1인 가구는 꾸준히 증가하고 있습니다. 2018년에 28%였던 1인 가구는 2020년에는 30%로 증가했습니다. 이러한 상승세는 앞으로도 지속돼 2025년에는 1인 가구가 33%를 차지할 것으로 예상됩니다.	☺

2. 원인

대답	1인 가구가 증가한 원인은 가족주의가 약화되면서 개인주의가 심화된 가치관의 변화 때문입니다.
	✔ 원인을 더 자세히 설명하거나 다른 원인들을 함께 말해 주세요.
	1인 가구가 증가한 원인은 고령화로 독거노인도 늘어났기 때문입니다. 그리고 가족주의가 약화되면서 개인주의가 심화된 가치관의 변화도 1인 가구 증가의 한 가지 원인으로 볼 수 있습니다.
	✔ 원인을 사회적인 요소와 개인적인 요소로 나누어서 구조화시켜 설명해 주세요.
	1인 가구가 증가한 원인은 사회적 요소와 개인적인 요소로 살펴볼 수 있습니다. 고용 불안과 경제여건의 악화와 같은 사회적 원인으로 인해 비혼과 만혼이 증가하고 고령화로 독거노인도 늘어났습니다. 그리고 가족주의가 약화되면서 개인주의가 심화된 개인적인 가치관의 변화도 1인 가구 증가의 한 가지 원인으로 볼 수 있습니다.

3. 전망

대답	1인 가구가 늘어남에 따라 저출산이 심화될 것이라 생각합니다. 저출산이 심화되면 인구 감소로 이어지게 되고 경제적으로도 큰 타격을 받게 될 것입니다. 그리고 1인 가구는 사고와 질병에 취약하기 때문에 고독사가 만연할 수 있으며 이로 인한 사회 문제가 심각해질 것으로 예상됩니다.
	✔ 자료에 제시된 내용을 활용하여 전망을 말해 주세요.
	1인 가구가 늘어남에 따라 1인 가구를 겨냥한 소비 시장이 확대될 것으로 보입니다. 예를 들어 1인 가구에 맞는 주거 형태, 식료품, 가전제품 등이 보다 다양하게 개발될 것으로 예상됩니다. 또한 외로움을 달래기 위해 반려동물을 키우는 사람들이 많아져 반려동물 산업도 더욱 확장될 것입니다.

숫자 읽기

① 날짜 (년 월 일)

	년	월	일
1999년 6월 17일	천구백구십구	유	십칠
2000년 11월 23일	이천	십일	이십삼
2023년 12월 5일	이천이십삼	십이	오

1000: 천 100: 백

1월	2월	3월	4월	5월	6월	7월	8월	9월	10월	11월	12월
일월	이월	삼월	사월	오월	유월	칠월	팔월	구월	시월	십일월	십이월

② 하나, 둘, 셋, 넷 + 단위 명사 → 한, 두, 세, 네 + 단위 명사

오늘 1시에 학교 앞에서 만나요.	오늘 **한 시**에 학교 앞에서 만나요.
아메리카노 2잔 주세요.	아메리카노 **두 잔** 주세요.
성인 3명당 1명 꼴로 비만인 것으로 나타났습니다.	성인 **세 명**당 **한 명** 꼴로 비만인 것으로 나타났습니다.
그 식당에 4번이나 갔어요.	그 식당에 **네 번**이나 갔어요.

③ % (퍼센트)

1년 동안 21%가 증가한 것을 확인할 수 있습니다.	**일 년** 동안 **이십일 퍼센트**가 증가한 것을 확인할 수 있습니다.
2050년에는 37%에 달할 것으로 예상됩니다.	**이천오십 년**에는 **삼십칠 퍼센트**에 달할 것으로 예상됩니다.

④ 0.0 (점) ※ 소수점은 일반적으로 [쩜]으로 발음합니다. 0.1[영쩜일]

0.1 (영 점 일)
0.9 (영 점 구)

→ 소수점이 있을 때는 숫자 '0'을 '공'으로 읽지 않습니다.

전자책은 2010년 10.2%에서 2015년은 13.5%, 2020년에는 21.1%로 점점 증가하는 추세를 보이고 있습니다.	전자책은 **이천십 년 십 점 이 퍼센트**에서 **이천십오 년은 십삼 점 오 퍼센트**, **이천이십 년**에는 **이십일 점 일 퍼센트**로 점점 증가하는 추세를 보이고 있습니다.
자료에 따르면 2018년 0.92명이던 합계 출산율은 2020년에는 0.7명으로 나타나 지속적인 감소 추세를 보이고 있습니다.	자료에 따르면 **이천십팔 년 영 점 구이 명**이던 합계 출산율은 **이천이십 년**에는 **영 점 칠 명**으로 나타나 지속적인 감소 추세를 보이고 있습니다.

MEMO

CHAPTER 6

의견 제시하기

- 유형 소개 및 유형 분석
- 말하기 전략
- 핵심 말하기 구조
- 실전 말하기 전략
- 예상 문제
- 말하기 클리닉 (겹받침, 유창하게 시간에 맞춰 말하기)
- 합격 노트 (더 생각해 볼 수 있는 주제)

유형 소개 및 유형 분석

유형 소개

연습 > 1 > 2 > 3 > 4 > 5 > 6 음량조절

6번 질문을 듣고 의견을 제시하십시오.
70초 동안 준비하십시오. '삐' 소리가 끝나면 80초 동안 말하십시오.

질문 준비 (01:10) 답변 (01:20)

연습 > 1 > 2 > 3 > 4 > 5 > 6 음량조절

6번 질문을 듣고 의견을 제시하십시오.
70초 동안 준비하십시오. '삐' 소리가 끝나면 80초 동안 말하십시오.

의사소통은 생각 또는 정보를 다른 사람에게 전달하고 교환하는 과정을 말합니다. 의사소통은 인간관계는 물론 내가 속한 조직의 성과에도 영향을 미칩니다. 의사소통을 원활하게 하는 방법은 무엇이라고 생각합니까? 원활한 의사소통의 조건 두 가지와 그 근거를 말하십시오.

(화면에는 질문이 보이지 않습니다.)

※의사소통: 생각 또는 정보를 다른 사람에게 전달 또는 교환하는 일

질문 준비 (01:10) 답변 (01:20)

연습 > 1 > 2 > 3 > 4 > 5 > 6 음량조절

6번 질문을 듣고 의견을 제시하십시오.
70초 동안 준비하십시오. '삐' 소리가 끝나면 80초 동안 말하십시오.

의사소통은 생각 또는 정보를 다른 사람에게 전달하고 교환하는 과정을 말합니다. 의사소통은 인간관계는 물론 내가 속한 조직의 성과에도 영향을 미칩니다. 의사소통을 원활하게 하는 방법은 무엇이라고 생각합니까? 원활한 의사소통의 조건 두 가지와 그 근거를 말하십시오.

(화면에는 질문이 보이지 않습니다.)

※의사소통: 생각 또는 정보를 다른 사람에게 전달 또는 교환하는 일

질문 준비 (01:10) 답변 (01:20)

유형 분석

- 6번 문항은 자신의 견해를 논리적으로 제시하거나 천성 혹은 반대 입장에서 자신의 의견을 말하는 문제입니다.
- 전문 분야, 추상적인 내용, 사회 문제 등이 출제될 수 있습니다.
- 다양한 화제에 대한 배경 지식을 쌓고 관련 있는 어휘, 표현 등을 공부합니다.
- 70초 동안 준비하고 80초 동안 대답을 합니다.
- 점수는 15점입니다.

문제 예시

• 자신의 견해를 말하는 문제

행복한 삶에 대한 관심이 점차 높아지고 있습니다. 하지만 사람들마다 행복의 기준과 조건은 다릅니다. 행복하게 살기 위해 충족되어야 할 조건은 무엇이라고 생각합니까? 행복하게 살기 위해 충족되어야 할 조건 두 가지와 그 근거를 말하십시오.

• 찬성 혹은 반대의 의견을 주장하는 문제

최근 국립공원의 케이블카 설치 여부를 두고 찬반 의견이 나뉘고 있습니다. 국립공원의 케이블카 설치에 대한 찬성 또는 반대의 의견과 근거를 말하십시오.

말하기 전략

Step 1. 문제를 들으며 말하기의 화제를 파악합니다. 화제는 문제의 앞부분에서 제시됩니다.

지속 가능한 발전이란 미래의 후손을 생각하면서 현재의 발전을 추구하는 것입니다.

최근 평균수명의 증가로 세계 곳곳에서 고령 인구가 늘고 있습니다. 이로 인해 **은퇴 후의 삶**에 대해서도 관심이 높아지고 있습니다.

유전자 조작 기술이 발달함에 따라 '**맞춤 아기**'에 대한 찬반 논란이 대두되고 있습니다.

Step 2. 화제와 관련하여 의견을 제시해야 하는지 찬반을 주장해야 하는지 판단합니다.

Step 3. 말하기 화제와 문제의 유형을 파악한 후 자신의 입장을 선택합니다.

Tip 1 의견을 제시하는 문제에서는 의견과 근거가 일관될 수 있도록 합니다.

Tip 2 찬반 주장 문제에서는 찬성 또는 반대 중 하나의 입장만을 선택해서 주장과 근거를 말합니다.

Tip 3 근거는 다른 사람이 들었을 때 이해할 수 있고 공감할 수 있는 객관적인 것이 좋습니다.

Step 4. '서론 - 본론 - 결론'으로 내용을 조직하고 논리적으로 말합니다.

Tip 고급 수준의 문법과 어휘를 사용하면 더 좋은 점수를 받을 수 있습니다.

문제	의사소통은 생각 또는 정보를 다른 사람에게 전달하고 교환하는 과정을 말합니다. 의사소통은 인간관계는 물론 내가 속한 조직의 성과에도 영향을 미칩니다. 의사소통을 원활하게 하는 방법은 무엇이라고 생각합니까? 원활한 의사소통의 조건 두 가지와 그 근거를 말하십시오.
답안	**서론 [무엇에 대해 말할 것인지 소개하기]**
	의사소통은 정보를 교환하는 것뿐만 아니라 다른 사람과 관계를 형성하는 데에도 중요한 역할을 합니다. 원활한 의사소통을 위해서는 두 가지가 필요하다고 생각합니다.
	본론 [나의 의견과 그에 대한 근거 제시하기]
	① 먼저, 경청하는 자세입니다. 상대방의 말을 잘 들어 주는 것이 성공적인 의사소통의 첫 시작이라고 생각하기 때문입니다. 고개를 끄덕이거나, 눈을 맞추거나, 호응을 해 주면서 경청한다면 상대방이 더 자신감을 가지고 말을 할 수 있습니다. ② 다음으로 공감하는 태도입니다. 사람들은 자신의 마음을 이해해주고 알아주는 사람에게 마음을 열게 되기 때문입니다. 상대방이 가지고 있는 감정을 진심으로 이해하고 공감해 주면 유대감이 강해질 수 있습니다. 상대방을 잘 공감하기 위해서는 내가 직접 그 사람의 입장이 되어서 생각해 보는 역지사지의 자세가 필요합니다.
	결론 [나의 견해 정리하기]
	이러한 이유로 저는 경청과 공감이 의사소통에서 가장 중요한 조건이라고 생각합니다.

핵심 말하기 구조

6번 문항에서 활용할 수 있는 말하기 구조입니다. 말하기 구조에 따라 말할 수 있도록 연습해 보세요.

1 의견 제시하기

서론	내용	• 이야기할 내용 소개 (화제 제시)
	방법	• 말하기를 처음 시작할 때에는 앞으로 이야기 할 내용을 소개합니다. • 말하기 주제를 소개하는 방법은 주제를 직접 언급하거나, 문제와 관련된 보편적인 명제 등을 이야기하거나, 문제의 중심이 되는 개념을 정의하는 방법으로 시작할 수 있습니다. • 한두 문장으로 짧게 이야기합니다.
	표현	• -은/는[-(이)란] -을/를 말합니다. • -을/를 위해서는 -이/가 필요하다고 생각합니다. • -을/를 위해서 가장 중요한 것은 -입니다.
본론	내용	• 의견 밝히기 • 근거 제시하기
	방법	• 앞서 이야기한 문제를 분석하여 주제를 전개합니다. • 적절한 근거를 제시하여 자신의 주장에 대한 타당성을 확보합니다. • 일반적으로 두 가지 정도의 견해를 이야기해야 하며 그에 대한 근거도 각각 이야기해야 합니다. 근거를 이야기할 때에는 이유 표현을 사용합니다.
	표현	• 먼저 -입니다. 다음으로 -입니다. • -이/가 (가장) 중요합니다/필요합니다. 또한 -도 중요합니다/필요합니다. • (왜냐하면) -기 때문입니다. • -(으)면 -(으)ㄹ 수도/가능성도 있습니다.
결론	내용	• 의견 정리하기
	방법	• 본론에서 이야기한 나의 견해를 주제와 관련하여 간단하게 요약 제시하거나 핵심적인 내용을 강조하면서 끝냅니다. • 서론과 마찬가지로 한두 문장으로 짧고 명료하게 이야기합니다.
	표현	• 따라서, 다시 말하면 • 저는 ①와/과 ②이/가 (문제)에서 (조건, 태도, 방법) -(이)라고 생각합니다. • 저는 ①와/과 ②이/가 (문제)이/가 (조건, 태도, 방법) -(이)라고 생각합니다. • (문제)은/는 ①와/과 ②입니다.

'의견 제시하기'의 말하기 구조에 따라서 연습해 봅시다.

문제 의사소통은 생각 또는 정보를 다른 사람에게 전달하고 교환하는 과정을 말합니다. 의사소통은 인간관계는 물론 내가 속한 조직의 성과에도 영향을 미칩니다. 의사소통을 원활하게 하는 방법은 무엇이라고 생각합니까? 원활한 의사소통의 조건 두 가지와 그 근거를 말하십시오.

서론	의사소통은 정보를 교환하는 것뿐만 아니라 다른 사람과 관계를 형성하는데에도 중요한 역할을 합니다. 원활한 의사소통**을 위해서는** 두 가지**가 필요하다고 생각합니다**. -을/를 위해서는 / -이/가 필요하다고 생각합니다. ✔ 문제와 관련된 보편적이고 일반적인 이야기로 시작하면서 앞으로 말할 내용 소개
본론	의견 1 / 근거 1 **먼저** 경청하는 자세**입니다**. 상대방의 말을 잘 들어 주는 것이 성공적인 의사소통의 첫 시작이라고 생각하**기 때문입니다**. 고개를 끄덕이거나, 눈을 맞추거나, 호응을 해주면서 경청한다면 상대방이 더 자신감을 가지고 말을 할 수 있습니다. 먼저 -입니다. / (왜냐하면) -기 때문입니다. 의견 2 / 근거 2 **다음으로** 공감하는 태도**입니다**. 사람들은 자신의 마음을 이해해주고 알아주는 사람에게 마음을 열게 되**기 때문입니다**. 상대방이 가지고 있는 감정을 진심으로 이해하고 공감해 주**면** 유대감이 강해**질 수 있습니다**. 상대방을 잘 공감하기 위해서는 내가 직접 그 사람의 입장이 되어서 생각해 보는 역지사지의 자세**가 필요합니다**. 다음으로 -입니다. / (왜냐하면) -기 때문입니다. / -(으)면 -(으)ㄹ 수도/가능성도 있습니다. / -이/가 (가장) 필요합니다. ✔ 주제(원활한 의사소통의 조건) 의견 두 가지(경청하는 자세, 공감하는 태도)와 각각의 의견에 대한 근거 제시
결론	이러한 이유로 **저는** 경청**과** 공감**이** 의사소통**에서** 가장 중요한 **조건이라고 생각합니다**. 저는 ①와/과 ②이/가 (문제)에서 (조건, 태도, 방법) -(이)라고 생각합니다. ✔ 본론에서 이야기한 나의 의견(경청, 공감)을 주제(원활한 의사소통의 조건)와 관련하여 간단하게 요약 제시

2 찬반 주장하기

서론	내용	• 이야기할 내용 소개 (화제 제시)
	방법	• 찬성과 반대의 입장을 밝혀야 하는 문제에 대해서 명시적으로 이야기합니다. • 한 문장으로 짧게 이야기합니다.
	표현	• -에 대해 여러 의견이 있습니다. • -은/는 어려운 문제입니다. • -(이)라는 의견이 팽팽합니다. • -에 대한 찬반 의견이 분분합니다. • -에 대한 찬반 의견이 공존합니다.
본론	내용	• 입장 선택하기 • 근거 제시하기
	방법	• 먼저, 앞서 이야기한 문제에 대한 자신의 입장을 선택하여 분명하게 밝히고 이야기를 시작합니다. • 찬성과 반대에 대한 자신의 입장을 논리적으로 주장하기 위해서 그에 대한 근거를 제시합니다. • 일반적으로 두 가지 정도의 견해를 이야기해야 하며 그에 대한 근거도 각각 이야기해야 합니다. 근거를 이야기할 때에는 이유 표현을 사용합니다.
	표현	• 저는 -을/를 찬성/반대합니다. • 저는 -을/를 찬성/반대하는 입장입니다. • 저는 -은/는 -을/를 위해서/-기 위해서 (불)필요하다고 생각합니다. • 저는 -는 것에 찬성/반대합니다. • 그에 대한 근거는 다음과 같습니다. • -기 때문입니다. • -(으)면 -(으)ㄹ 수도/가능성도 있습니다.
결론	내용	• 입장 정리하기
	방법	• 본론에서 이야기한 나의 입장을 간단하게 정리하며 자신의 입장을 강조하여 주장하면서 끝냅니다. • 서론과 마찬가지로 한두 문장으로 짧고 명료하게 이야기합니다.
	표현	• 따라서, 다시 말해, 이러한 이유로, 정리하자면, -을/를 고려해 볼 때 • 저는 -은/는 것에 대해 찬성/반대합니다. • 저는 -을/를 -아/어야 한다고 생각합니다. • 저는 -기 위해서 -을/를 -지 말아야/않아야 합니다. • 저는 -을/를 위해서 -아/어야 한다고 생각합니다. • -은/는 긍정적인/부정적인 측면이 많다고 생각됩니다. • 저는 -(이)라는 이유로 -에 찬성/반대합니다.

'찬반 주장하기' 의 말하기 구조에 따라서 연습해 봅시다.

문제 최근 국립공원의 케이블카 설치 여부를 두고 찬반 의견이 나뉘고 있습니다. 국립공원의 케이블카 설치에 대한 찬성 또는 반대의 의견과 근거를 말하십시오.

서론	국립공원의 케이블카 설치**에 대한 찬반 의견이 분분합니다.** -에 대한 찬반 의견이 분분합니다. ✔ 찬성과 반대의 입장을 밝혀야 하는 문제에 대해서 명시적으로 제시하기
본론	입장 **저는** 케이블카 설치**를 반대합니다.** 케이블카 설치를 반대하는 이유는 두 가지가 있습니다. 먼저 저는 -을/를 반대합니다. 근거 1 국립공원에 케이블카를 설치한다면 야생 동물들과 희귀한 동식물의 서식지가 파괴될 수 있**기 때문** 설명 1 -기 때문입니다. **입니다.** 보통 국립공원으로 지정된 곳은 자연 생태계의 보존 가치가 높은 곳입니다. 따라서 자연 생태계를 잘 보존하기 위해 노력해야 한다고 생각합니다. 근거 1 두 번째 이유는 지금 당장의 편리함 때문에 케이블카를 설치한다면, 다음 세대가 누려야 할 자연 설명 2 이 훼손될 수 있**기 때문입니다.** 파괴된 자연을 원래의 상태로 되돌리기 위해서는 막대한 시간과 비 -기 때문입니다. 용이 필요합니다. 따라서 최대한 있는 그대로의 자연 모습을 지키는 것이 중요하다고 생각합니다. ✔ 앞서 말한 문제(국립공원의 케이블카 설치)에 대한 자신의 입장(반대)을 선택하여 분명하게 밝히기 찬성과 반대에 대한 자신의 입장을 논리적으로 주장하기 위해서 그에 대한 근거(생태계 보존, 자연 훼손 방지)를 제시하기
결론	**다시 말해** 자연을 훼손하지 않고 보존하**기 위해서** 국립공원의 케이블카 설치는 하**지 않아야 합니다.** 다시 말해 -기 위해서 -을/를 -지 말아야/않아야 합니다. ✔ 본론에서 밝힌 나의 입장(자연을 훼손하지 않고 보존해야 함)을 간단하게 정리하며 자신의 입장 강조하기

실전 말하기 전략

앞서 학습한 말하기 전략을 활용하여 단계별로 말하기 대답을 구성해 보세요.

- 6번 문항은 자신의 의견이나 찬성 혹은 반대를 주장하는 문제입니다.
  앞서 학습한 말하기 구조에 맞게 적절한 대답을 구성해 보세요.

최근 평균수명의 증가로 세계 곳곳에서 고령 인구가 늘고 있습니다. 이로 인해 은퇴 후의 삶에 대해서도 관심이 높아지고 있습니다. 성공적인 은퇴 생활을 위해 갖추어야 할 조건은 무엇이라고 생각합니까? 성공적인 은퇴 생활을 위해 충족되어야 할 조건 두 가지와 그 근거를 말하십시오.

1단계 화제가 무엇인지 살펴봅시다.

은퇴 후의 삶에 대해서도 관심이 높아지고 있습니다. 성공적인 은퇴 생활을 위해 갖추어야 할 조건은 무엇이라고 생각합니까?

→ '성공적인 은퇴 생활'에 대한 의견을 묻는 문제

2단계 어떤 의견을 제시할 지 간단한 단어로 생각해 봅시다.

성공적인 은퇴 생활을 위해 충족되어야 할 조건 두 가지와 그 근거를 말하십시오.

→ 조건 1: 노후 자금 준비
조건 2: 자기 계발

3단계 자신의 의견에 대한 근거를 구체적으로 생각해 봅시다.

→ 조건 1: 노후 자금 준비
근거 : 기본적인 생활을 하는 데 자금이 없으면 생활하는 데 어렵다
노인들의 경우 질병이나 건강상의 문제로 병원에 방문하는 일이 많다
조건 2: 자기 계발
근거 : 자기 계발을 통해 삶을 더 보람 있게 보낼 수 있다
자기 계발을 하면 신체적으로나 정신적으로 더 건강한 삶을 살 수 있다

4단계 ▶ 말하기 구조에 맞게 실제로 말해 봅시다. A 62

성공적인 은퇴 생활을 하기 위해서는 다음과 같은 조건이 필요하다고 생각합니다.

먼저 노후 자금입니다. 은퇴 이후에 가장 걱정이 되는 부분은 경제적인 문제입니다. 직업을 가지고 있을 때와 달리 고정적인 수입이 없기 때문입니다. 따라서 노후 자금을 미리 준비해야 합니다. 기본적인 생활을 하는 데 필요한 자금이 해결되지 않으면 생활하는 데에 여러 가지 제약을 받기 때문입니다. 또한 노인들의 경우 질병이나 건강상의 문제로 병원에 방문하는 일이 많아지기 때문에 미리 노후 자금을 준비해야 합니다.

다음으로 자기 계발이 필요합니다. 은퇴 이후에는 비교적 시간이 많이 생기는데 이 시간에 '무엇을 하며 지낼 것인가?'는 중요한 문제입니다. 자기 계발을 통해 삶을 유의미하고 보람 있게 보낼 수 있습니다. 또한 끊임없이 자기 계발을 하는 사람들은 신체적으로나 정신적으로 더 건강한 삶을 살 수 있습니다.

따라서 저는 노후 자금의 준비와 자기 계발이 성공적인 은퇴 생활에서 가장 중요한 조건이라고 생각합니다.

연습 문제 ①

지속 가능한 발전이란 미래의 후손을 생각하면서 현재의 발전을 추구하는 것입니다. 이러한 지속 가능한 발전을 위해 개인적 차원에서 할 수 있는 노력은 무엇이라고 생각합니까? 지속 가능한 발전을 위한 개인적 차원의 노력에 대해 말하십시오.

1단계 화제가 무엇인지 살펴봅시다.

2단계 어떤 의견을 제시할 지 간단한 단어로 생각해 봅시다.

3단계 자신의 의견에 대한 근거를 구체적으로 생각해 봅시다.

4단계 말하기 구조에 맞게 실제로 말해 봅시다. A 63

〈의견 제시하기〉

① 서론: 화제 소개

② 본론: 의견 밝히기, 근거 제시하기

③ 결론: 의견 정리하기

연습 문제 ②

유전자 조작 기술이 발달함에 따라 '맞춤 아기'에 대한 찬반 논란이 대두되고 있습니다. 유전자 조작을 통해 부모가 원하는 대로 '맞춤 아기'를 만드는 데에 대한 찬성 또는 반대의 의견과 근거를 말하십시오.

1단계 화제가 무엇인지 살펴봅시다.

2단계 어떤 의견을 제시할 지 간단한 단어로 생각해 봅시다.

3단계 자신의 의견에 대한 근거를 구체적으로 생각해 봅시다.

4단계 말하기 구조에 맞게 실제로 말해 봅시다. A 64

〈찬반 주장하기〉
① 서론: 화제 소개
② 본론: 입장 선택하기, 근거 제시하기
③ 결론: 입장 정리하기

예상 문제

◎ 난이도
★쉬움 ★★보통 ★★★어려움

★★
1. 행복한 삶에 대한 관심이 점차 높아지고 있습니다. 하지만 사람들마다 행복의 기준과 조건은 다릅니다. 행복하게 살기 위해 충족되어야 할 조건은 무엇이라고 생각합니까? 행복하게 살기 위해 충족되어야 할 조건 두 가지와 그 근거를 말하십시오.

T 60
A 65

★
2. SNS는 인터넷을 통해 서로의 생각이나 정보를 주고받을 수 있게 해 주는 서비스입니다. 요즘 많은 사람들이 SNS를 사용하여 의사소통을 하고 관계를 맺고 있습니다. SNS의 순기능과 역기능은 무엇이라고 생각합니까? SNS의 좋은 점과 나쁜 점을 두 가지 말하십시오.

T 61
A 66

★★
3. '기부'는 자선 사업이나 공공사업을 돕기 위해 돈이나 물건 등을 대가 없이 내놓는 것을 말합니다. 그러나 최근 기부는 다양한 형태와 방법으로 진행되고 있습니다. 만약 여러분이 기부를 한다면 누구에게 기부를 하고 싶습니까? 그 이유와 구체적인 기부 방법에 대해서 말하십시오.

T 62
A 67

★★★
4. 부모의 재산을 받은 자녀가 부모를 외면하거나 부양하지 않을 때 부모에게 받은 재산을 다시 돌려줘야 한다는 '불효자 방지법'이 추진되고 있습니다. 불효자 방지법에 대해 여러분의 생각은 어떻습니까? 불효자 방지법에 대한 의견과 근거 두 가지를 말하십시오.

T 63
A 68

★★
5.
T 64
A 69

'노키즈존'이란 말 그대로 '키즈(어린이)는 들어오면 안 되는 지역'을 말합니다. 여러 가지 이유로 생겨난 노키즈존은 최근 그 수가 증가하고 있습니다. 2021년, 노키즈존 맵에 따르면 대한민국 내 약 420개 이상의 노키즈존이 존재하는 것으로 추정됩니다. 노키즈존에 대한 여러분의 의견과 근거를 말하십시오.

★★★
6.
T 65
A 70

대부분의 초, 중, 고등학교에서는 국어, 수학, 사회 등의 기초 학문뿐만 아니라 미술, 음악 등의 예술 교육도 함께 이루어지고 있습니다. 여러분은 이러한 예술 교육이 왜 필요하다고 생각합니까? 예술 교육의 필요성과 그 효과에 대해서 말하십시오.

★★★
7.
T 66
A 71

우리는 지금 지구촌이라 불리는 세계화 시대에 살고 있습니다. 세계화 시대를 살아가는데 필요한 태도는 무엇이라고 생각합니까? 우리가 가져야 할 태도 두 가지와 그 근거를 말하십시오.

★★
8.
T 67
A 72

최근 서울시에서 보행 중 흡연을 금지하는 법안을 추진하고 있는데 이에 대한 찬반이 크게 엇갈리고 있다고 합니다. 보행 중 흡연을 금지하는 법안을 만드는 것에 대한 여러분의 의견과 구체적인 근거를 말하십시오.

1. 발음 (겹받침) T 68

돈을 떠나 자신이 정말 좋아하는 일을 하는 행복한 삶[삼]도 중요합니다.
그것은 또 다른 살인이나 다름없습니다[**다름업씁니다**].
사람이 사람을 심판하여 목숨을 빼앗을 수는 없기[**업끼**] 때문입니다.

▶ 'ㄳ', 'ㄵ', 'ㄼ, ㄽ, ㄾ', 'ㅄ'은 자음 앞에서 앞 받침 [ㄱ, ㄴ, ㄹ, ㅂ]으로 발음합니다.
'ㄺ, ㄻ, ㄿ'은 자음 앞에서 뒤 받침 [ㄱ, ㅁ, ㅂ]으로 발음합니다.

'겹받침' 발음에 주의하면서 말해 봅시다. T 69

❶ 지수 씨가 긴 머리를 **짧게** 잘랐던데 봤어요?
❷ 달걀 **삶는** 법 좀 알려 주세요.
❸ 무거운 짐이 많아서 집을 **옮기는** 데 힘들었어요.

'겹받침' 발음을 확인해 봅시다.

❶ [짤께] ❷ [삼는] ❸ [옴기는]

2. 유창하게 시간에 맞춰 말하기

❶ 80초 동안 말하는 문제입니다. 너무 빨리 끝내거나 시간이 지나면 안 됩니다.
적절한 시간을 지킬 수 있도록 타이머를 켜고 연습해 보세요.
❷ 어디에서 끊어 읽으면 좋을지 생각하면서 연습해 보세요.
❸ 여러 번 반복해서 연습해 보세요.

음성을 들으면서 나의 말하기와 비교해 보세요. T 70

지속 가능한 발전을 위해서 우리가 개인적인 차원에서 할 수 있는 노력은 많이 있지만 그 중 두 가지를 말씀드리고자 합니다.

먼저 일상생활에서 할 수 있는 가장 손쉬운 노력은 자원 절약의 생활화입니다. 구체적으로 보면 친환경 제품을 사용하는 것과 일회용품 사용을 줄이는 것이 대표적인 예가 될 수 있습니다. 이를 통해 쓰레기 배출을 최소화하고 자원을 절약할 수 있기 때문입니다. 우리는 개인의 소비가 사회에 미치는 영향을 고려하며 소비할 때 지속 가능한 발전을 이룰 수 있습니다.

다음으로 의식의 변화도 필요합니다. 우리는 모든 생명체의 권리를 존중하는 태도를 가져야 합니다. 나 자신의 권리뿐만 아니라 동식물 그리고 후손들의 권리도 존중해야 합니다. 또한 공동체 의식을 형성하는 것도 필요합니다. 나 한 명만 잘 사는 데 초점을 맞추는 대신 경제적인 자원, 기회의 분배에 대해서도 고민해야 할 것입니다.

다시 말해 저는 자원 절약의 생활화와 의식의 변화가 있으면 지속 가능한 발전을 이룰 수 있을 거라고 생각합니다.

속도, 발음, 끊어 읽기에 유의하면서 연습해 보세요.

지속 가능한 발전을 위해서 / 우리가 개인적인 차원에서 / 할 수 있는 노력은 / 많이 있지만 // 그 중 두 가지를 말씀드리고자 합니다.

먼저 / 일상생활에서 할 수 있는 가장 손쉬운 노력은 / 자원 절약의 생활화입니다. / 구체적으로 보면 / 친환경 제품을 사용하는 것과 / 일회용품 사용을 줄이는 것이 / 대표적인 예가 될 수 있습니다. / 이를 통해 / 쓰레기 배출을 최소화하고 / 자원을 절약할 수 있기 때문입니다. / 우리는 / 개인의 소비가 / 사회에 미치는 영향을 고려하며 소비할 때 / 지속 가능한 발전을 이룰 수 있습니다.

다음으로 / 의식의 변화도 필요합니다. / 우리는 / 모든 생명체의 권리를 // 존중하는 태도를 가져야 합니다. / 나 자신의 권리뿐만 아니라 / 동식물 / 그리고 / 후손들의 권리도 존중해야 합니다. / 또한 / 공동체 의식을 형성하는 것도 / 필요합니다. / 나 한 명만 잘 사는 데 초점을 맞추는 대신 / 경제적인 자원, / 기회의 분배에 대해서도 / 고민해야 할 것입니다.

다시 말해 / 저는 자원 절약의 생활화와 / 의식의 변화가 있으면 // 지속 가능한 발전을 이룰 수 있을 거라고 생각합니다.

* '/': 의미 단위로 끊어서 읽습니다. 0.5초 정도 쉽니다. '//': 문장 단위로 끊어서 읽습니다. 1초 정도 쉽니다.

PASS 합격 노트

좋은 대답 ☺ 나쁜 대답 ☹

1. 의견 말하기

행복한 삶에 대한 관심이 점차 높아지고 있습니다. 하지만 사람들마다 행복의 기준과 조건은 다릅니다. 행복하게 살기 위해 충족되어야 할 조건은 무엇이라고 생각합니까? 행복하게 살기 위해 충족되어야 할 조건 두 가지와 그 근거를 말하십시오.

<table>
<tr><td rowspan="5">대답</td><td>행복한 삶은 정말 중요해요. 저도 행복에 대해 관심이 많아요. 사람들마다 행복의 기준과 조건이 다른 것은 당연해요. 사람들마다 행복의 조건이 달라서 무엇이 정답인지는 모르겠어요.</td><td>☹</td></tr>
<tr><td colspan="2">✔ 말하기 주제는 '행복하게 살기 위해 충족되어야 할 조건'입니다. 문제에서 제시된 말하기 주제에 맞게 말하는 것이 중요합니다.
✔ 6번은 정답을 말하는 것이 아닙니다. '나의 의견'을 말하는 것이 좋습니다. 따라서 나의 생각을 문제의 조건에 맞게 논리적으로 말하면 됩니다.</td></tr>
<tr><td>행복한 삶에 대한 관심이 높아지면서 사람들마다 행복의 기준이 다릅니다. 제가 생각하는 행복의 기준은 경제적 여유입니다.(조건 1) 제가 좋아하는 취미는 여행하기, 음악회 관람입니다. 이 취미들을 하기 위해서는 돈이 필요합니다. 돈을 버는 일은 힘들지만, 이 취미 생활이 저를 행복하게 해 주기 때문에 제 행복의 기준은 경제적 여유입니다.(조건 1의 근거)</td><td>😐</td></tr>
<tr><td colspan="2">✔ 문제를 살펴보면 두 가지 조건을 말해야 합니다. 하지만 행복하게 살기 위해 충족되어야 할 두 가지 조건 중 한 가지만 말했습니다. 문제에서 요구하는 조건들을 빠뜨리지 않도록 합니다.</td></tr>
<tr><td>많은 사람들이 행복하게 살기 위해 경제적인 여유가 가장 중요하다고 생각합니다. 하지만 저는 행복한 삶을 살기 위해서 좋아하는 일을 하는 것이 중요하다고 생각합니다.(조건 1) 우리는 인생의 반 이상의 시간을 일을 하면서 보낸다고 합니다. 급여는 높지만 자신이 좋아하지 않는 일을 하면서 매일 스트레스를 받는다면 과연 행복한 삶이라고 할 수 있을까요?(조건 1의 근거) 돈을 떠나 자신이 정말 좋아하는 일을 하는 것이야말로 행복한 삶의 조건이라고 생각합니다.
그 다음은 작은 것에도 감사하고 만족하는 태도입니다.(조건 2) 항상 자신이 가지지 못한 것, 단점 등만 생각하면서 아쉬워하는 사람들이 있습니다. 그러면 행복한 삶을 사는 것도 힘들어지겠죠. 대신 지금 내가 가지고 있는 작은 것에도 감사한다면 하루하루가 행복해질 수 있습니다.(조건 2의 근거)
그래서 저는 좋아하는 일을 하는 것과 긍정적인 태도, 이 두 가지가 행복하게 살기 위해 충족되어야 할 가장 중요한 조건이라고 생각합니다.</td><td>☺</td></tr>
</table>

2. 찬반 의견 주장하기

'노키즈존'이란 말 그대로 '키즈(어린이)는 들어오면 안 되는 지역'을 말합니다. 여러 가지 이유로 생겨난 노키즈존은 최근 그 수가 증가하고 있습니다. 2021년, 노키즈존 맵에 따르면 대한민국 내 약 420개 이상의 노키즈존이 존재하는 것으로 추정됩니다. 노키즈존에 대한 여러분의 의견과 근거를 말하십시오.

대답	저는 가게에서 노키즈존을 두는 것에 찬성하는 입장입니다. 가게의 형태에 따라 어린이들이 함께 올 경우 안전사고가 발생할 수 있는 곳도 있기 때문입니다. 하지만 한국은 지금 저출산 문제가 심각한데, 노키즈존을 만드는 것은 아이들에 대해 안 좋은 이미지를 심어줄 수도 있을 것 같습니다.
	✔ 찬반 의견은 찬성 또는 반대 중 한 가지 입장을 선택해야 합니다. 그리고 자신이 선택한 입장(찬성/반대)을 뒷받침할 수 있는 근거를 말해야 합니다. 위의 말하기처럼 찬성과 반대의 입장을 모두 말하지 않도록 주의합니다.
	[찬성 입장] 저는 가게에서 노키즈존을 두는 것에 찬성하는 입장입니다. 노키즈존을 만든다면 언제 어디에서 일어날지 모르는 아이들의 안전사고에 대한 부담에서 벗어날 수 있습니다. 또한, 안전사고에 대한 우려 외에 가게를 찾는 고객들의 편의를 위해서도 노키즈존은 필요하다고 생각합니다. 노키즈존이 있는 가게에서는 조용하고 편리한 서비스를 받을 수 있기 때문입니다.
	[반대 입장] 저는 노키즈존을 반대하는 입장입니다. 노키즈존은 어린이를 배려하지 않는 차별적인 행위라고 생각하기 때문입니다. 어린이 역시 우리 사회의 한 구성원으로서 차별받지 않아야 하는 권리를 가지고 있습니다.

최근 서울시에서 보행 중 흡연을 금지하는 법안을 추진하고 있는데 이에 대한 찬반이 크게 엇갈리고 있다고 합니다. 보행 중 흡연을 금지하는 법안을 만드는 것에 대한 여러분의 의견과 구체적인 근거를 말하십시오.

대답	저는 보행 중 흡연을 금지하는 것을 적극 찬성합니다. 왜냐하면 저는 담배 연기를 싫어하기 때문입니다. 저뿐만 아니라 제 친구들도 다 싫어합니다. 모든 사람들이 싫어하기 때문에 보행 중 흡연은 금지해야 합니다.
	✔ 객관적이고 신뢰성 있는 근거를 말해야 합니다. 나의 주관적인 생각을 근거로 활용하는 것은 좋지 않습니다. 또한 '모든 사람들이 싫어하기 때문에'라는 근거는 객관적이고 신뢰성 있는 정보가 아닙니다. 따라서 근거를 만들 때는 객관적이고 신뢰성 있는 것인가를 판단해야 합니다.
	저는 보행 중 흡연을 금지하는 것을 적극 찬성합니다. 보행 중 흡연을 하는 사람들로 다른 사람들이 간접흡연에 노출될 수 있기 때문입니다. 간접흡연 또한 직접 흡연과 마찬가지로 건강에 치명적인 영향을 줄 수 있다는 사실이 여러 연구를 통해 증명되었습니다. 따라서 다른 사람에게까지 피해를 주는 행동이기 때문에 제제를 받아야 한다고 생각합니다.
	✔ 주장의 설득력을 높여줄 수 있는 객관적인 근거를 말합니다. 간접흡연 또한 직접 흡연과 마찬가지로 건강에 치명적인 영향을 줄 수 있다는 연구 결과는 객관적인 근거입니다. 객관적인 근거로 주장의 타당성을 높일 수 있습니다.

더 생각해 볼 수 있는 주제

교육

1. 조기 유학의 긍정적 측면과 부정적 측면 의견 제시
2. 청소년 게임 셧다운 제도의 영향 의견 제시
3. 탄력적 등교 시간이 학생들에게 미치는 효과 의견 제시
4. 청소년기 예술 교육의 필요성 의견 제시
5. 기부금 입학 제도 찬반
6. 학교 내 CCTV 설치 찬반
7. 봉사활동 의무제 폐지 찬반

법과 제도

1. 범죄 재발 방지를 위한 제도 의견 제시
2. 여성할당제 도입 찬반
3. 살인죄 공소시효 폐지 찬반
4. 낙태 합법화 찬반
5. 안락사 허용 찬반
6. 촉법 소년법 폐지 찬반
7. 공인 탐정 제도 허용 찬반
8. 사형 제도 찬반

과학

1. 과학자의 윤리와 과학 기술의 발전 중 무엇이 더 중요한가? 의견 제시
2. 디지털 시대를 지혜롭게 살아가기 위한 조건 의견 제시
3. 영상 매체의 역할과 효과 의견 제시
4. 해양 오염을 막기 위한 정부, 개인적 차원의 노력 의견 제시
5. 드론 상용화 허용 찬반
6. 인공 지능의 로봇세 부여 찬반
7. 무인 자동차 상용화 찬반
8. 원자력 발전소 증설 찬반

사회

1. 초소형 카메라가 미치는 사회의 부정적인 영향 의견 제시
2. 세대 갈등을 줄이는 방법 의견 제시
3. 유전자 조작 식품(GMO) 생산 유통 찬반
4. 담배세 인상 찬반
5. 동물원 폐지 찬반
6. 반려 동물 보유세 찬반
7. 베이비 박스 설치 확대 찬반

CHAPTER 7

실전 모의고사

- 실전 모의고사 1회
- 실전 모의고사 2회
- 실전 모의고사 3회

1. 질문에 대답하기

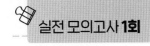

고치고 싶은 습관이 있어요? 그 습관에 대해 이야기하세요.

2. 그림 보고 역할 수행하기

며칠 전 산 옷이 잘 맞지 않아 교환하고 싶습니다. 직원에게 이야기하세요.

3. 그림 보고 역할 수행하기

재민 씨가 친구의 생일 선물을 샀습니다. 재민 씨에게 무슨 일이 있었는지 이야기하세요.

4. 대화 완성하기

두 사람이 마트에서 장을 보며 이야기하고 있습니다. 여자의 마지막 말을 듣고 남자가 할 말로 대화를 완성해 보세요.

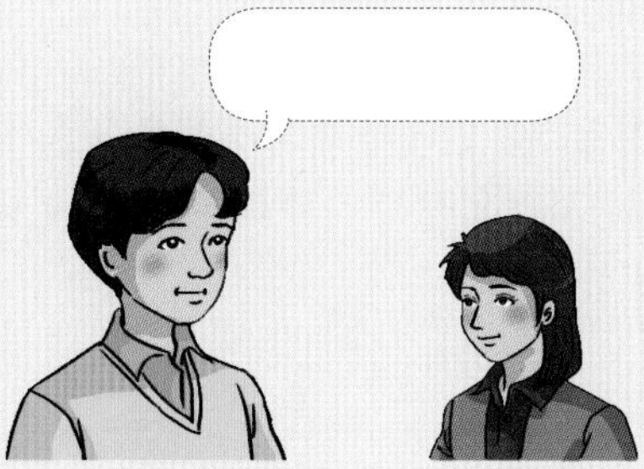

5. 자료 해석하기

뉴스를 듣고 자료에 제시된 사회 현상의 변화를 설명하십시오. 그리고 이러한 현상으로 인한 영향과 해결 방안을 말하십시오.

연도별 미세먼지 나쁨 일수

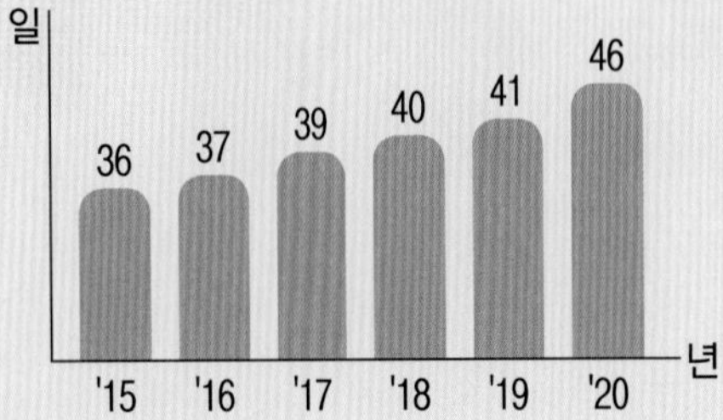

미세먼지가 인체에 미치는 영향

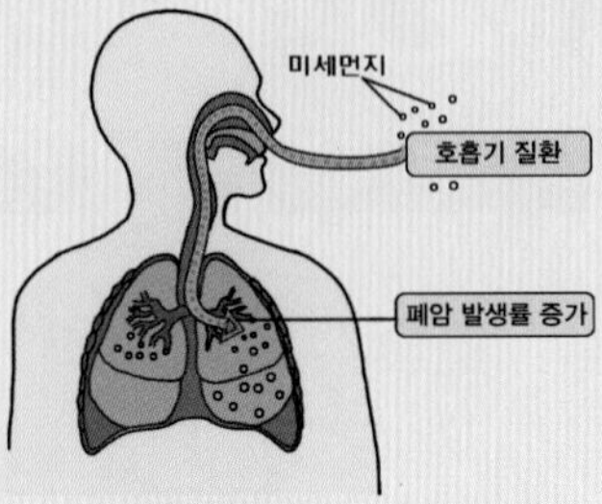

6. 의견 제시하기

간접 광고란, 텔레비전 프로그램 안에서 특정 상품을 노출시켜 홍보하는 것입니다. 이 간접 광고에 대한 광고주의 입장과 시청자의 입장이 각각 다른데요. TV 방송 프로그램의 간접 광고에 대한 찬반 의견과 근거 두 가지를 말하십시오.

1. 질문에 대답하기

어떤 계절을 좋아해요? 좋아하는 계절에 대해 이야기하세요.

2. 그림 보고 역할 수행하기

오늘 아침에 지하철에서 가방을 잃어버렸습니다. 잃어버린 가방에 대해 이야기하세요.

3. 그림 보고 역할 수행하기

떡볶이를 만들려고 합니다. 요리 방법을 순서대로 이야기하세요.

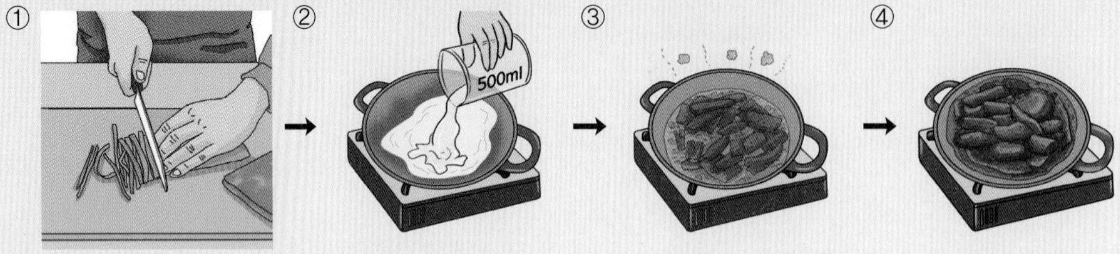

4. 대화 완성하기

두 사람이 긴장을 해소하는 방법에 대해 이야기하고 있습니다. 여자의 마지막 말을 듣고 남자가 할 말로 대화를 완성해보세요.

5. 자료 해석하기

뉴스를 듣고 자료에 제시된 사회 현상의 변화를 설명하십시오. 그리고 이러한 현상의 원인과 전망을 두 가지 말하십시오.

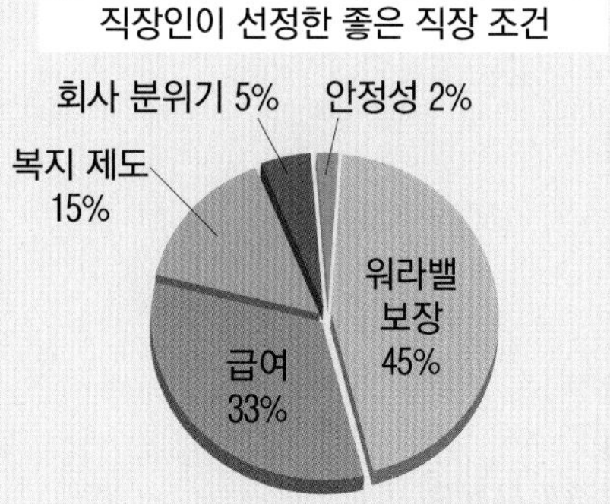

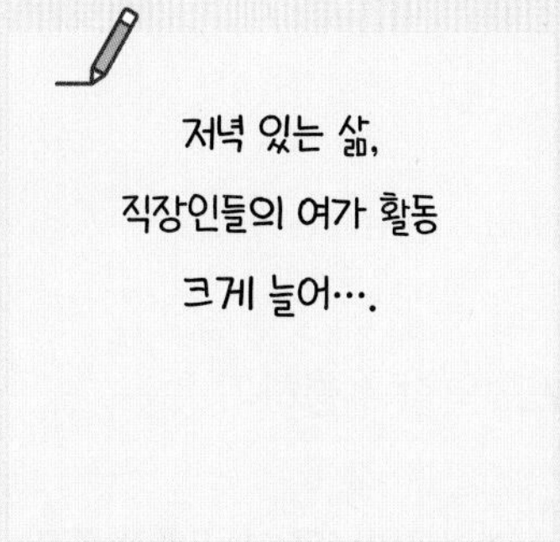

6. 의견 제시하기

'대중문화'란 가요, 드라마, 영화처럼 많은 사람들이 즐기는 문화라고 할 수 있습니다. 이러한 대중문화의 영향력은 날이 갈수록 증가하고 있습니다. 대중문화가 사회에 미치는 영향에 대해서 말하십시오.

1. 질문에 대답하기

최근에 무슨 물건을 샀어요? 그 물건에 대해 이야기하세요.

2. 그림 보고 역할 수행하기

주말 계획표입니다. 친구에게 주말 계획을 이야기하세요.

3. 그림 보고 역할 수행하기

지혜 씨가 회사 면접을 봤습니다. 지혜 씨에게 무슨 일이 있었는지 이야기하세요.

4. 대화 완성하기

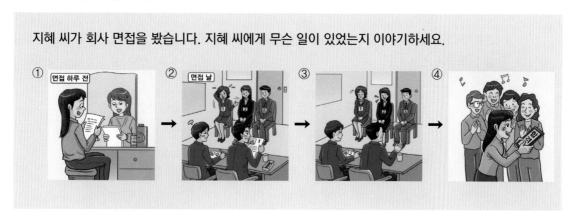

두 사람이 파파라치에 대해 이야기하고 있습니다. 남자의 마지막 말을 듣고 여자가 할 말로 대화를 완성해 보세요.

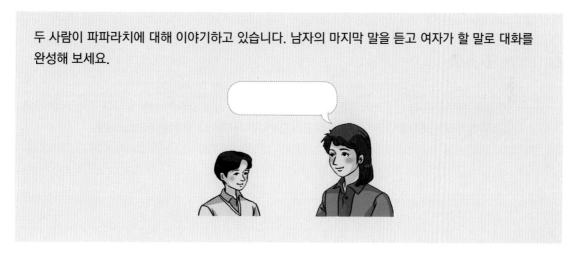

5. 자료 해석하기

뉴스를 듣고 자료에 제시된 사회 현상의 변화를 설명하십시오. 그리고 이러한 현상의 원인과 해결 방안을 말하십시오.

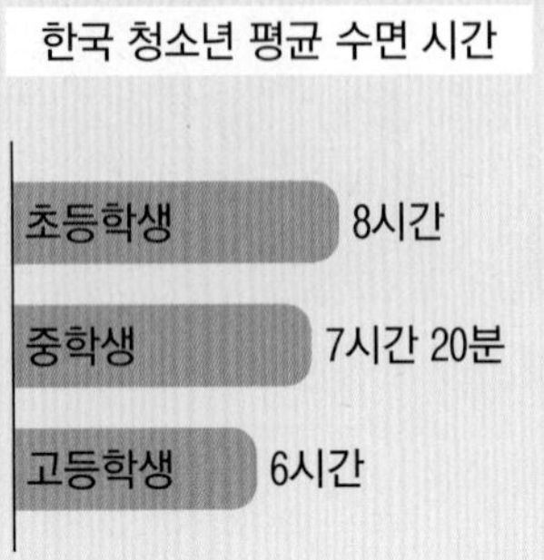

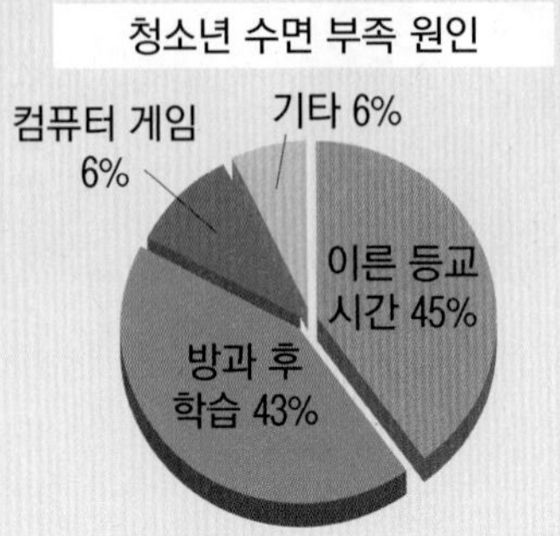

6. 의견 제시하기

진정한 친구는 우리 인생에서 기쁘고 슬픈 순간을 함께 하는 소중한 사람입니다. 진정한 친구의 조건은 무엇이라고 생각합니까? 진정한 친구의 조건 두 가지와 그 근거를 말하십시오.

한국어능력시험

COOL TOPIK

말하기

정답 및 해설

한글파크

한국어능력시험

COOL TOPIK

말하기

정답 및 해설

한글파크

Chapter 1 질문에 대답하기

실전 말하기 전략 p.22

6단계 A 01

저는 한국어 선생님이 되고 싶어요. 저는 한국어와 한국 문화를 좋아해요. 그래서 다른 사람에게 한국어를 가르치고 싶어요. 아직은 한국어를 잘하지 못해요. 하지만 열심히 노력해서 한국어를 더 잘하고 싶어요. 한국어를 잘하기 위해 꾸준히 한국어를 공부해야 해요. 한국 드라마나 영화를 보고 한국어 듣기, 말하기 연습도 열심히 할 거예요.

7단계 A 02

저는 나중에 한국어 선생님이 되려고 해요. 저는 고등학생 때부터 한국어와 한국 문화에 관심이 많았어요. 그래서 한국어를 공부하게 되었어요. 한국어는 공부를 하면 할수록 더 재미있었어요. 그래서 한국어를 재미있게 가르칠 수 있는 선생님이 되고 싶어요. 한국어 선생님이 되기 위해서 가장 중요한 건 한국어 실력이에요. 그래서 한국 드라마와 영화도 자주 보고, 한국 친구와 언어 교환도 하면서 듣기랑 말하기 연습을 하고 있어요.

연습 문제 p.23

① 예시 답안 A 03

초급

가장 기억에 남는 선물은 지갑이에요. 제가 고등학교를 졸업할 때 어머니께서 사 주셨어요. 그 지갑은 긴 모양이고 검정색이에요. 제가 사고 싶은 지갑이었어요. 그래서 어머니가 그 지갑을 선물해 주셨을 때 정말 기뻤어요. 그래서 그 선물이 가장 기억에 남아요.

중·고급

제가 받은 선물 중에서 가장 기억에 남는 선물은 지갑이에요. 고등학교 졸업선물로 어머니께서 사 주셨어요. 그 지갑은 검정색 긴 모양에 가죽 지갑이었어요. 그 지갑이 기억에 남는 이유는 어머니께서 제가 정말 갖고 싶었던 지갑을 선물로 주셨기 때문이에요. 그래서 저는 그 지갑이 가장 기억에 남아요.

② 예시 답안 A 04

초급

제 취미는 수영이에요. 학교를 마치고 친구들하고 집 근처 바다에서 자주 수영을 해요. 저는 물을 아주 좋아해요. 수영을 하고 나면 기분이 상쾌하고 좋아요. 그리고 스트레스도 풀리는 것 같아요. 수영은 건강에도 좋아요. 그래서 저는 수영을 아주 좋아해요.

중·고급

저는 수영하는 걸 좋아해요. 고향에 있을 때 학교를 마치고 친구들과 집 근처 바다에서 종종 수영을 했어요. 저는 어렸을 때부터 물을 아주 좋아했거든요. 물속에 있을 때 아주 편안해요. 또 수영을 하고 나면 기분이 상쾌하고 좋아요. 그리고 수영은 스트레스를 해소하는 데도 도움을 줘서 건강에도 좋아요. 그래서 저는 수영하는 걸 아주 좋아해요.

③ 예시 답안 A 05

초급

배가 아파서 병원에 갔어요. 너무 배가 고팠어요. 유통기한을 안 보고 음식을 먹었어요. 그런데 상한 음식이었어요. 그래서 배가 많이 아팠어요. 병원에 가서 주사를 맞았어요. 그리고 집에 와서 약을 먹고 푹 쉬었어요. 며칠 쉬니까 괜찮아졌어요.

중·고급

배가 아파서 병원에 간 경험이 있어요. 너무 배가 고파서 유통기한을 확인 못 하고 음식을 먹었는데 그게 상한 음식이었나 봐요. 그래서 식중독에 걸렸어요. 계속 열이 나고 설사도 했어요. 배가 너무 아파서 울 뻔했어요. 병원에 가서 의사 선생님께 증상을 말하고 주사를 맞았어요. 집에 와서 약을 먹고 푹 쉬었어요. 물을 많이 마시는 것도 좋다고 해서 물도 많이 마셨어요. 다행히 며칠 쉬니까 괜찮아졌어요.

예상 문제 p.26

1. 예시 답안 A 06

초급

한국어를 공부할 때 힘들었어요. 저는 TOPIK(토픽) 3급(삼 급)을 꼭 따고 싶었는데 두 번이나 떨어졌어요. 그래서 너무 창피하고 힘들었어요. 그런데 한국어 선생님께서 다시 공부하면 더 잘할 수 있다고 해 주셨어요. 그래서 저는 열심히 공부했어요. 그리고 세 번째 시험에서 TOPIK 4급(사 급)을 받았어요. 정말 기뻤어요.

어휘 • 창피하다 • (자격증)을/를 따다 • 떨어지다

중·고급

한국에 와서 한국어를 공부했을 때 힘들었어요. 저는 TOPIK(토픽) 3급(삼 급)을 꼭 따고 싶었는데 두 번이나 떨어졌거든요. 그래서 너무 창피하고 공부하는 게 힘들었어요. 그런데 한국어 선생님께서 다시 공부하면 더 잘할 수 있다고 격려해 주셨어요. 그리고 열심히 노력하면 좋은 결과를 얻게 될 거라고 말씀해 주셨어요. 그래서 저는 더 열심히 공부했고 그 결과 다음 시험에서 TOPIK 4급(사 급)을 딸 수 있었어요. 그때는 정말 기뻤고 선생님께도 고마웠어요.

어휘 •격려하다 •결과

2. 예시 답안 A 07

초급

저는 한국 사람이에요. 제 고향은 부산이에요. 제 고향은 남쪽에 있기 때문에 날씨가 따뜻한 편이에요. 그래서 겨울에는 눈이 잘 내리지 않아요. 제 고향은 바다가 아름다워서 한국의 관광지로 유명해요. 특히 '해운대'는 외국인들도 많이 찾는 곳이에요.

어휘 •남쪽 •관광지 •유명하다 •아름답다 •외국인

중·고급

제 고향은 한국 부산이에요. 부산은 한국의 남쪽에 있는 도시이고 제 2(이)의 수도라고 불려요. 부산은 남쪽에 있기 때문에 사계절 내내 날씨가 따뜻한 편이에요. 그래서 겨울에는 눈이 잘 내리지 않아요. 제 고향 부산은 바다가 아름다워서 한국의 관광지로 유명해요. 특히 '해운대'나 '광안리'는 외국 사람들도 많이 오는 곳이에요. 여기에서는 여름 축제도 즐길 수 있고 수영도 할 수 있어요. 그리고 근처에서 신선한 생선회를 먹을 수도 있어요.

어휘 •수도 •(이)라고 불리다 •사계절 •내내 •축제 •즐기다 •생선회

3. 예시 답안 A 08

초급

다음 주 주말에는 친구랑 쇼핑을 할 거예요. 친구랑 저는 쇼핑을 좋아해요. 친구랑 같이 쇼핑을 하면 저에게 어울리는 옷을 고를 수 있어요. 저는 주말 아침에 일어나서 제일 먼저 집안일을 하고 점심 때 친구와 명동에서 만날 거예요. 친구와 만나서 맛있는 점심을 먹고 쇼핑을 시작하려고 해요. 그리고 저녁에는 집에 돌아와 영화를 보고 싶어요.

어휘 •어울리다 •집안일 •명동 •돌아오다

중·고급

다음 주 주말에는 친구랑 쇼핑을 할 거예요. 친구하고 저는 쇼핑이 취미거든요. 둘이 같이 쇼핑을 하면 그 옷이 잘 어울리는지 아닌지 솔직하게 평가해 줄 수 있어요. 그래서 저에게 잘 어울리는 옷을 고를 수 있어요. 저는 주말 아침에 일어나서 제일 먼저 집안일을 좀 하고 나서 점심 때 친구와 명동에서 만나려고 해요. 친구와 제가 좋아하는 삼계탕을 먹고 쇼핑을 시작할 거예요. 저녁이 되면 장을 봐 와서 집에서 저녁을 먹고 좋아하는 영화를 보고 싶어요.

어휘 •솔직하다 •평가하다 •고르다 •삼계탕 •장을 보다

4. 예시 답안 A 09

초급

친구와 토요일 아침에 영화를 보러 가려고 했어요. 그런데 친구와 약속을 잊어버리고 늦잠을 잤어요. 일어나 보니 친구에게 전화가 많이 와 있었어요. 그래서 전화를 해서 사과했어요. 그리고 바로 준비해서 친구를 만나러 갔어요. 친구에게 미안해서 맛있는 밥을 샀어요.

어휘 •잊어버리다 •늦잠(을) 자다 •사과하다 •바로

중·고급

친구와 토요일 아침에 영화를 보러 가려고 했어요. 그런데 금요일까지 시험이 있는 바람에 저는 시험공부를 해야 했어요. 늦게까지 공부해서 그런지 그만 친구와의 약속을 깜빡 잊어버리고 토요일에 늦잠을 잤어요. 눈을 떠 보니 친구에게 부재중 전화가 많이 와 있었어요. 친구에게 전화해서 전후 사정을 말하고 사과를 했어요. 그리고 바로 외출 준비를 하고 친구를 만나러 갔어요. 친구를 만난 후에 친구가 제일 좋아하는 식당에 가서 제가 밥을 샀어요. 앞으로 다시는 약속을 잊어버리지 않겠다고 친구에게 다시 사과를 했어요.

어휘 •깜빡 •눈을 뜨다 •부재중 •전후 사정

5. 예시 답안 A 10

초급

저는 기숙사 규칙을 어긴 적이 있어요. 기숙사는 밤 11시(열한 시)까지 들어가야 하는 규칙이 있었어요. 하지만 저는 시계를 못 보고 친구와 밤늦게까지 놀았어요. 저는 기숙사 규칙을 어겨서 선생님께 혼이 났어요. 그 일 이후로 저는 시계를 보는 습관이 생겼고 기숙사 규칙을 어기지 않았어요.

어휘 •기숙사 •규칙 •어기다 •혼(이) 나다 •습관 •생기다

중·고급

저는 대학교 때 기숙사 규칙을 어긴 적이 있어요. 대학교 1학년(일 학년) 때 기숙사 생활을 했어요. 기숙사는 밤 11시(열한 시)까지 들어가야 하는 규칙이 있었어요. 하지만 저는 그 날, 시계를 보는 것도 잊어버리고 친구들과 밤늦게까지 놀고 말았어요. 저는 기숙사 규칙을 어겼기 때문에 선생님께 혼이 났고, 벌점을 받았어요. 그리고 반성문도 썼어요. 그 일 이후로 저는 시계를 꼭 보고 시간을 확인하는 습관이 생겼고, 기숙사 규칙을 잘 지켜야겠다고 다짐했어요.

어휘 •몰래 •들키다 •벌점 •반성문 •다짐하다

6. 예시 답안 A 11

초급

제 생일 파티에 흐엉 씨와 미나코 씨를 초대하고 싶어요. 흐엉 씨와 미나코 씨는 한국에 와서 알게 되었어요. 우리는 나이도 다르고 국적도 다르지만 같이 있으면 정말 즐거워요. 저는 제 생일에 두 사람을 초대해서 한국 음식을 요리해 주고 싶어요. 그리고 생일 선물은 제가 좋아하는 가수의 새 앨범을 받고 싶어요.

어휘 •초대하다 •앨범

중·고급

저는 제 생일 파티에 흐엉 씨와 미나코 씨를 초대할 거예요. 흐엉 씨와 미나코 씨는 한국에 와서 알게 되었어요. 우리는 나이도 다르고 국적도 다르지만 이야기도 잘 통하고 같이 있으면 정말 즐거워요. 한국에서 외롭거나 힘든 일이 있을 때, 두 사람이 저에게 큰 힘이 되어 주었어요. 그래서 저는 제 생일에 두 사람을 초대해서 한국 음식을 요리해 주고 싶어요. 두 사람은 저에게 또 다른 가족과 같아요. 그래서 생일을 같이 보내면 즐거울 것 같아요. 그리고 생일 선물은 제가 좋아하는 가수의 새 앨범을 받으면 정말 행복할 것 같아요.

어휘 •이야기가/말이 (잘) 통하다

7. 예시 답안 A 12

초급

저는 시간이 있을 때 캠핑을 가요. 캠핑을 가면 스트레스가 풀려요. 그리고 캠핑장에서는 여러 가지 맛있는 음식을 만들어 먹을 수 있어요. 스트레스가 많은 사람들에게 캠핑을 추천하고 싶어요. 캠핑장에서 자연 풍경을 보고 쉬면 스트레스가 풀릴 거예요.

어휘 •캠핑 •자연 •스트레스가 풀리다

중·고급

저는 시간이 있을 때 캠핑을 가곤 해요. 복잡한 도시를 벗어나 자연 속에서 생각을 정리할 수 있어요. 그리고 캠핑장에서 직접 해 먹는 음식도 정말 맛있더라고요. 밤에 모닥불을 피워 놓고 음악을 듣거나 영화를 보고 있으면, 일상 속에서 쌓인 스트레스가 모두 사라지는 것 같아요. 자연 속에 있으면 지친 마음도 치유가 되는 것 같아요. 일상을 벗어나서 자연과 함께 힐링을 하고 싶은 사람들에게 캠핑을 추천해요.

어휘 •복잡하다 •정리하다 •모닥불 •일상 •사라지다 •지치다 •치유 •힐링

8. 예시 답안 A 13

초급

저는 휴대전화를 잃어버린 적이 있어요. 작년에 공원에서 산책을 하다가 휴대전화를 잃어버렸어요. 다시 공원에 갔지만 휴대전화를 못 찾았어요. 그 휴대전화는 아버지께서 작년 제 생일 선물로 사 주신 거였어요. 그래서 휴대전화를 잃어버린 후에 많이 속상했어요.

어휘 •잃어버리다 •휴대전화 •산책(을)하다 •찾다 •속상하다

중·고급

저는 휴대전화를 잃어버린 적이 있어요. 작년에 공원에서 산책을 하다가 잠시 쉬려고 벤치에 앉았어요. 그때 벤치에 휴대전화를 놓아두었는데 깜빡하고 그냥 집에 와 버렸어요. 그리고 다시 공원에 가 봤는데 휴대전화를 못 찾았어요. 그 휴대전화는 아버지께서 작년 제 생일 선물로 사 주신 거여서 제가 정말 아끼던 거였어요. 그래서 휴대전화를 잃어버린 후에 많이 속상했어요.

어휘 •벤치 •놓아두다 •아끼다

9. 예시 답안 A 14

초급

저는 전주를 여행하고 싶어요. 전주는 한옥을 볼 수 있고 음식도 맛있어요. 특히 한정식은 반찬이 아주 많이 있어요. 그래서 여러 가지 한국 음식을 먹을 수 있어요. 그리고 한옥 마을에서 한복을 입고 예쁜 사진도 많이 찍고 싶어요.

어휘 •한옥 •한정식 •반찬 •여러 가지

중·고급

저는 전주에 가 보고 싶어요. 전주에 먼저 다녀와 본 친구가 저에게 사진을 보여줬는데 한국의 멋도 느낄 수 있는 곳 같았어요. 그래서 저는 그 사진을 보고 전주에 꼭 가야겠다고 생각했어요. 친구가 추천해준 것은 한정식이에요. 한정식은 반찬이 아주 많고 외국인들도 먹을 수 있게 맵지 않다고 했어요. 그리고 한옥 마을에서는 한복을 입고 사진도 많이 찍고 싶어요. 한복은 사진으로 많이 봤지만 실제로 입어본 적이 없어서 너무 기대가 돼요.

어휘 •멋 •맵다 •기대(가) 되다

10. 예시 답안 A 15

초급

저는 내년까지 TOPIK(토픽) 말하기 시험에서 좋은 점수를 받고 싶어요. 왜냐하면 TOPIK 말하기 시험에서 좋은 점수를 받으면 한국 회사에 들어갈 수 있기 때문이에요. TOPIK 말하기 시험에서 좋은 점수를 받기 위해 저는 지금 한국어를 열심히 공부하고 있어요. 그리고 앞으로도 열심히 공부할 거예요.

어휘 •점수 •회사에 들어가다

중·고급

저는 내년까지 TOPIK(토픽) 말하기 시험에서 좋은 점수를 받고 싶어요. 왜냐하면 TOPIK 말하기 시험에서 좋은 점수를 받으면 제가 원하는 한국 회사에 취직할 수 있기 때문이에요. TOPIK 말하기 시험에서 좋은 점수를 받으려고 저는 지금 한국어를 열심히 공부하고 있어요. 한국 친구와 한국어로만 대화하고, 한국 드라마를 보고 따라 말하는 연습도 하고 있어요. 앞으로도 이렇게 꾸준히 한국어 말하기를 공부할 계획이에요.

어휘 •취직하다 •원하다 •따라 말하기 •꾸준히

Chapter 2 그림 보고 역할 수행하기

실전 말하기 전략 p.42

4단계 A 16

내 생각에는 지금 네가 신고 있는 구두는 너무 높은 것 같아. 이 검은색 구두가 좋을 것 같아. 굽도 너무 높지 않고 편해 보여. 그리고 너에게 잘 어울릴 것 같아.

5단계 A 17

내 생각에는 그런 높은 구두보다 면접 때는 편하고 단정한 구두가 제일 좋을 것 같은데? 이 검은색 구두는 어때? 내가 볼 땐 제일 단정해 보여. 그리고 굽이 낮아서 발도 편할 것 같고. 이 구두가 면접용으로 너한테 딱일 것 같아.

연습 문제 p.43

예시 답안 ① A 18

초급

머리를 짧게 잘라 주세요. 그리고 염색도 하고 싶어요. 밝은 색으로 하고 싶은데 노란색이 괜찮을까요?

중·고급

일단 커트 머리로 짧게 자르고 싶어요. 그리고 밝은 색으로 염색도 하려고요. 밝은 노란색 머리를 하고 싶은데 저한테 잘 어울릴지 모르겠어요.

예시 답안 ② A 19

초급

지난주에 인터넷으로 예약했습니다. 이름은 김민수이고 성인 2명(두 명)이에요. 3월 2일(삼 월 이 일)부터 3월 4일(삼 월 사 일)까지 묵을 거예요. 조식도 신청했어요.

중·고급

지난주에 인터넷으로 호텔 예약을 했는데요. 김민수로 성인 두 사람 예약했어요. 3월 2일(삼 월 이 일)에 체크인해서 2박 3일(이박 삼일) 동안 묵을 예정입니다. 그리고 조식도 신청했는데 확인 한번 해 주시겠어요?

예상 문제 p.45

1. 예시 답안 A 20

초급

너희 집 앞에서 지하철 2호선(이호선)을 타. 그리고 시청역에서 169번(백육십구 번) 버스로 갈아타. 버스를 타고 오다가 한국대학교에서 내려. 50분(오십 분)쯤 걸려.

어휘 •갈아타다 •쯤

중·고급

너희 집 앞에서 지하철 2호선(이호선)을 타고 오다가 시청역에서 169번(백육십구 번) 버스로 환승해야 해. 그리고 버스를 타고 오다가 한국대학교에서 내리면 돼. 시간은 50분(오십 분) 정도 걸릴 거야.

어휘 •환승하다 •정도

2. 예시 답안 A 21

초급

네, 제 노트북이 고장 났어요. 일을 하다가 실수로 노트북에 커피를 쏟았어요. 그래서 지금 노트북 화면이 안 나와요. 고치고 싶은데 어떻게 해야 해요?

어휘 •고장나다 •쏟다 •화면

중·고급

네, 노트북 수리 신청 좀 하려고요. 제가 일을 하다가 실수로 노트북에 커피를 쏟았는데 그 후로 노트북 액정이 나갔는지 화면이 제대로 안 나와요. 그래서 노트북을 쓸 수가 없어요. 수리 신청하려면 어떻게 해야 할까요?

어휘 •액정 •수리하다 •신청하다

3. 예시 답안 A 22

초급

미안해. 지금 가고 있어. 그런데 지하철 공사 때문에 차가 너무 많이 막혀. 좀 늦을 것 같아. 조금만 더 기다려 줘.

어휘 •공사 •차가 막히다

중·고급

미안해. 지금 버스 안인데 지하철 공사 때문에 차가 너무 막혀. 차가 꼼짝도 안 해서 좀 늦을 것 같은데 어떡하지? 내가 늦은 대신에 만나서 맛있는 거 살게. 조금만 더 기다려주면 안 될까?

어휘 •꼼짝도 안하다 •대신(에)

4. 예시 답안 A 23

초급

며칠 전에 이 블라우스를 샀어요. 그런데 집에 와서 보니까 단추가 한 개 없네요. 단추가 예뻐서 블라우스를 산 건데 단추가 없어서 환불하고 싶어요.

어휘 •블라우스 •단추 •환불하다

중·고급

며칠 전에 여기에서 이 블라우스를 샀는데 집에 와서 보니 단추가 하나 없더라고요. 사실 이 블라우스는 꽃 모양 단추가 예뻐서 구매한 건데, 단추가 없어서 그냥 환불하고 싶어요.

어휘 •꽃 모양 •구매하다

5. 예시 답안 A 24

초급

여기 한국대학교 기숙사 304호(삼백사 호)인데요. / 304혼데요(삼백사 혼데요). 불고기 피자 1판(한 판)하고 콜라 1병(한 병) 갖다 주세요. 계산은 카드로 할 거예요. 배달 시간은 얼마나 걸려요?

어휘 •00호 •카드 •계산하다

중·고급

주문 좀 하려고 하는데요. 불고기 피자 1판(한 판)이랑 콜라 1병(한 병) 갖다 주세요. 주소는 한국대학교 기숙사 304호(삼백사 호)이고 계산은 카드로 할 거예요. 배달 시간은 얼마나 걸릴까요?

어휘 •배달 시간

6. 예시 답안 A 25

초급

저는 방이 2개(두 개) 있는 아파트 전세를 찾고 있어요. 지하철역이 가까웠으면 좋겠어요. 그리고 6천만 원(육천만 원)까지 괜찮아요.

어휘 •아파트 •전세

중·고급

저는 방이 2개(두 개) 있는 아파트 전세를 구하고 있어요. 이왕이면 지하철역 주변에 있어서 교통이 편리한 곳이면 좋을 것 같아요. 그리고 예산은 6천만 원(육천만 원) 정도로 생각하고 있어요.

어휘 •구하다 •이왕이면 •예산

7. 예시 답안 A 26

초급

다음 주 토요일 오후 6시(여섯 시)에 식사를 예약하고 싶어요. 4명(네 명)이고요. 창가 자리로 부탁드립니다. 메뉴는 그날 주문할게요.

어휘 •예약하다 •창가

중·고급

여보세요? 한국 식당이지요? 다음 주 토요일 오후 6시(여섯 시)에 식사를 예약하고 싶어서 전화 드렸습니다. 모두 4명(네 명)이고요. 가능하면 창가 자리로 좀 부탁드릴게요. 메뉴는 그날 가서 보고 주문할게요.

어휘 •가능하면

8. 예시 답안 A 27

초급

등산 동호회 어때? 등산 동호회에 가입하면 운동도 할 수 있고 아름다운 경치도 볼 수 있어. 그리고 친구들도 많이 사귈 수 있어.

어휘 •동호회 •가입하다 •경치

중·고급

내가 등산 동호회에 가 보니까 너무 좋더라. 너도 등산 동호회에 가입하는 건 어때? 등산 동호회에 가입하면 운동도 할 수 있고 아름다운 경치도 볼 수 있거든. 그리고 새로운 친구들도 많이 사귈 수 있어서 일석이조야.

어휘 •일석이조

Chapter 3 그림 보고 이야기하기

실전 말하기 전략 p.63

4단계 A 28

아침이 돼서 정민 씨가 일어났어요. 일어나자마자 정민 씨는 출근 준비를 위해 화장실에 가서 이를 닦아요. 정민 씨의 옷장 안에 옷이 많이 있어요. 무슨 옷을 입을까 고민하나 봐요. 근데 시간이 많이 지났어요. 벌써 9시(아홉 시) 30분(삼십 분)이에요. 시계를 보고 정민 씨는 지각을 할까 봐 걱정이 돼요. 그래서 빨리 신발을 신고 나가요. 하지만 한 쪽은 구두, 한 쪽은 운동화를 신고 나왔어요.

5단계 A 29

정민 씨가 아침에 일어나서 기지개를 켜고 있어요. 일어나자마자 출근 준비를 위해 먼저 화장실에 가서 거울을 보면서 이를 닦아요. 그리고 무슨 옷을 입을까 고민을 많이 하는 것 같아요. 근데 어느새 시간이 많이 지난 것 같아요. 벌써 9시(아홉 시) 30분(삼십 분)이 됐어요. 시계를 본 정민 씨는 지각을 할까 봐 조마조마해요. 그래서 회사에 지각하지 않으려고 서둘러 신발을 신고 집에서 나가요. 하지만 얼마나 정신이 없었던지 신발을 짝짝이로 신고 나왔지 뭐예요.

연습 문제 p.64

① 예시 답안 A 30

초급

민수 씨가 병원에 들어갔어요. 배가 아픈 것 같아요. 병원에서 이름, 전화번호를 말하고 접수를 했어요. 그리고 진료실에 들어가서 의사 선생님께 아픈 증상을 말했어요. 그 후 직원에게 계산을 하고 처방전을 받았어요.

중·고급

민수 씨가 내과라고 적힌 병원에 들어갔어요. 배탈이 난 것 같아요. 병원에 들어가서 민수 씨는 간호사에게 이름, 전화번호 등을 말하고 접수를 했어요. 그리고 진료실에 들어가서 의사 선생님께 아픈 증상을 말하고 진료를 받았어요. 민수 씨가 진료를 다 본 후에 아까 접수를 했던 곳에서 계산을 했어요. 그리고 간호사는 약을 받을 수 있는 처방전을 줬어요.

② 예시 답안 A 31

초급

영미 씨는 지금 횡단보도 앞에서 휴대폰을 보고 있어요. 계속 휴대폰만 보고 있어요. 초록불에 횡단보도를 건너는데 갑자기 빨간불로 바뀌었어요. 그때 교통사고가 날 뻔 했어요. 자동차 운전하는 사람은 화가 났고 영미 씨는 깜짝 놀랐어요.

중·고급

영미 씨는 지금 횡단보도 앞에서 휴대폰을 보고 있어요. 신호등이 초록불로 바뀌었지만 계속 휴대폰만 보고 있어요. 뒤늦게 횡단보도를 건너는데 갑자기 신호등이 빨간불로 바뀌었어요. 하지만 영미 씨는 여전히 휴대폰을 보면서 위험하게 횡단보도를 건너고 있어요. 그러다가 지나가던 자동차가 급하게 멈춰 섰어요. 길에서도 계속 휴대폰을 하는 바람에 자동차와 큰 사고가 날 뻔했어요. 다행히 사고는 피했지만 자동차 운전을 하던 사람은 화가 났고, 휴대폰을 하던 영미 씨는 깜짝 놀랐어요.

예상 문제 p.66

1. 예시 답안 A 32

초급

제니 씨는 은행에 왔어요. 번호표를 뽑았어요. 그리고 자신의 번호를 보고 은행 직원에게 갔어요. 직원에게 자신의 신분증을 줬어요. 제니 씨는 직원에게 자기 나라 돈을 줬고, 직원은 제니 씨에게 한국 돈을 줬어요.

어휘 •신분증

중·고급

제니 씨는 환전을 하러 은행에 갔어요. 은행에 가서 번호표를 뽑았더니 3번(삼 번)이었어요. 조금 기다린 후에 자신의 번호가 뜨자마자 은행 직원에게 갔어요. 직원에게 자신의 신분증을 보여 주면서 환전하고 싶다고 이야기했어요. 제니 씨는 직원에게 자기 나라 돈을 주었고, 직원은 제니 씨에게 한국 돈을 줬어요.

어휘 •환전 •번호표

2. 예시 답안 A 33

초급

어머니가 부엌에서 김밥을 만들고 있어요. 어머니가 만든 김밥을 가지고 가족들이 차를 타고 동물원에 왔어요. 동물원에서 부모님은 아이들의 사진을 찍어 줬어요. 그리고 구경을 다 한 후에 이 가족은 김밥과 간식을 맛있게 먹었어요. 모두 행복해 보여요.

어휘 •부엌 •동물원

중·고급

아침에 어머니가 부엌에서 김밥을 만들고 있네요. 어머니가 만든 김밥을 가지고 가족들이 다 같이 차를 타고 동물원에 가고 있어요. 동물원에 도착해서 아이들은 원숭이를 구경하고, 부모님은 아이들의 사진을 찍어 주고 있어요. 어느덧 점심시간이 되었나 봐요. 가족들은 어머니가 아침에 준비해 간 김밥과 음료수, 과일을 먹어요. 가족들이 모두 행복해 보여요.

어휘 •원숭이 •어느덧

3. 예시 답안 A 34

초급

민수 씨와 친구들이 비행기를 타고 제주도에 갔어요. 제주도에 도착해서 식당에서 맛있는 점심을 먹었어요. 그리고 민수 씨는 식사 후에 계산을 하려고 했어요. 그런데 가방 안에 지갑이 없어서 당황했어요. 다행히 민수 씨는 공항 분실물 센터에서 지갑을 찾을 수 있었어요.

어휘 •식사(하다) •당황하다 •다행히

중·고급

민수 씨와 친구들은 다 같이 비행기를 타고 제주도로 여행을 갔어요. 제주도에 도착해서 식당에서 맛있는 점심을 먹었어요. 식사를 마치고 민수 씨가 계산을 하려고 보니, 가방에 지갑이 없어서 당황한 것 같아요. 다행히 민수 씨는 공항 분실물 센터에서 지갑을 찾을 수 있었어요. 민수 씨는 그제야 안도의 한숨을 쉬었어요.

어휘 •그제야 •안도(하다)

4. 예시 답안 A 35

초급

수진 씨는 퇴근 후에 잠을 자려고 누웠어요. 그런데 위층에서 파티를 하나 봐요. 위층이 너무 시끄러웠어요. 밤 12시(열두 시)가 되었어요. 수진 씨는 너무 피곤하지만 위층이 시끄러워서 잠을 잘 수 없었어요. 수진 씨는 결국 화가 났어요. 그래서 경비실에 전화를 했어요.

어휘 •위층 •시끄럽다 •피곤하다 •경비실

중·고급

수진 씨는 퇴근 후에 잠을 자려고 누웠어요. 그런데 바로 위층에서 파티를 하는지 시끄럽게 떠드는 소리가 들렸어요. 아래층에 있는 수진 씨는 너무 시끄러워서 잠을 잘 수 없었어요. 밤 12시(열두 시)가 되었지만 수진 씨는 이 층간 소음 때문에 잠을 잘 수 없었고 화가 났어요. 화가 난 수진 씨는 결국 인터폰으로 경비실에 전화를 해서 이 상황을 설명했어요.

어휘 •파티 •떠들다 •아래층 •층간 소음 •인터폰 •상황 •설명하다

5. 예시 답안 A 36

초급

먼저 야채를 씻어서 준비해요. 그리고 고기와 야채를 썰어요. 고기에 양념을 넣으면서 섞어 줘요. 프라이팬에 야채와 고기를 같이 넣고 볶으면 불고기가 돼요.

어휘 •야채 •썰다 •준비하다 •양념 •섞다 •볶다

중·고급

먼저 준비한 야채를 씻어서 다듬어 줘요. 그리고 고기와 야채를 먹기 좋은 크기로 썰어요. 다 썰었으면 고기에 여러 가지 양념을 넣으면서 골고루 섞어 줘요. 마지막으로 프라이팬에 야채와 고기를 같이 넣고 함께 볶으면 맛있는 불고기가 완성될 거예요.

어휘 •골고루 •다듬다 •완성되다

6. 예시 답안 A 37

초급

상민 씨는 시험 전날 밤늦게까지 공부를 했어요. 시험 날 아침이 되었어요. 상민 씨는 늦잠을 잤어요. 상민 씨는 학교에 뛰어 갔지만 지각을 해서 시험을 못 봤어요. 그래서 실망했어요.

어휘 •전날 •지각하다

중·고급

상민 씨는 시험 전날 밤을 새워서 공부를 했어요. 그래서 아침에 늦잠을 자고 말았어요. 상민 씨는 일어나자마자 서둘러서 학교에 뛰어 갔어요. 혹시 시험에 늦을까 봐 걱정스러운 얼굴이네요. 그런데 이미 시험이 시작됐기 때문에 상민 씨는 시험장에 들어갈 수 없었어요. 시험을 보지 못한 상민 씨는 많이 실망했어요.

어휘 •밤을 새우다 •서두르다 •실망하다

7. 예시 답안 A 38

초급

미희 씨가 커피를 샀어요. 그런데 카드를 잊어버리고 나왔어요. 그리고 버스정류장에서 버스를 기다리고 있어요. 버스를 탔는데 카드가 없어서 놀랐어요. 근데 뒷사람이 대신 버스 요금을 내 줬어요. 그래서 미희 씨는 고마웠어요.

어휘 •잊어버리다 •놀라다 •버스 요금

중·고급

미희 씨가 커피를 사고 카드는 그대로 기계에 꽂아 두고 나왔네요. 카드가 없어진 줄도 모르고 버스정류장에서 버스를 기다리고 있어요. 버스를 타고 나서야 카드가 없는 걸 알고 당황했어요. 다행히 뒤에 있던 사람이 대신 버스 요금을 내 줬어요. 그래서 미희 씨가 그 사람에게 감사하다는 인사를 했어요.

어휘 •꽂다 •당황하다 •다행히

8. 예시 답안 A 39

초급

영희 씨가 세탁기에 옷을 넣고 있어요. 전화가 와서 통화를 해요. 전화를 끊고 남은 빨래와 휴대폰을 함께 세탁기에 넣었어요. 세탁기 안에 빨래와 휴대폰이 있어요. 그래서 영희 씨가 놀랐어요.

어휘 •통화하다 •전화를 끊다

중·고급

영희 씨가 빨래를 돌리려고 세탁기에 옷을 넣고 있는데 전화가 왔어요. 빨래를 그대로 둔 채로 통화를 하고 있어요. 전화를 끊고 남은 빨래들과 함께 실수로 휴대폰을 세탁기에 넣어 버렸어요. 세탁기 안에 휴대폰과 빨래가 같이 돌아가는 걸 보고 영희 씨가 깜짝 놀란 것 같아요.

어휘 •빨래를 돌리다 •깜짝

Chapter 4 대화 완성하기

실전 말하기 전략 p.81

4단계 A 40

일회용품을 쓰는 게 편하기는 하죠. 그런데 그렇게 무심코 버린 일회용 쓰레기는 환경과 사람에게 안 좋은 영향을 미쳐요. 일회용 쓰레기를 줄이기 위해서는 내가 할 수 있는 가장 쉬운 방법부터 시작하면 돼요. 저는 지금 개인 컵을 사용하고 있어요. 테이크아웃 음료를 마실 때 마다 개인 컵을 사용하면 일회용 쓰레기를 줄이는 데 도움이 되거든요. '시작이 반이다'라는 말처럼 개인 컵을 사용하는 것부터 같이 시작해 볼래요?

연습 문제 p.82

① 예시 답안 A 41

공감하기	생각해 주셔서 고맙지만 저는 회사 동호회는 가입하고 싶은 마음이 없어요.
사과, 거절하기	회사 동호회에 가입하면 사람들과 더 친해질 수 있겠지만 계속 일을 하는 기분일 것 같아요. 저는 일과 여가는 구분되어야 한다고 생각하거든요. 사실 취미 활동은 스트레스를 풀고 마음의 여유를 갖고 싶어서 하는 건데 회사 동호회는 그게 힘들고 불편할 것 같아요.
이유, 대안 말하기	그래서 제가 좋아하는 취미 활동은 지금처럼 다른 동호회에서 하고 싶어요.

② 예시 답안 A 42

의견 말하기	저는 처음 들었을 때 재미있다고 생각했어요.
이유 말하기	언어라는 게 계속 바뀌잖아요. 생각해 보면 저희도 청소년 시기에는 그런 줄임말을 쓰면서 대화를 했던 것 같아요. 같은 말들을 사용하면서 친구들끼리 친해지는 느낌도 들었잖아요. 그래서 무조건 나쁘게 볼 필요는 없는 것 같아요. 청소년들이 개성 있게 소통하는 한 방법이라고 생각하거든요.
재확인하기	물론 청소년들의 지나친 신조어 사용을 염려하는 사람들도 있겠지만 이제는 이런 현상을 새로운 언어 문화의 한 부분으로 받아들이면 좋겠어요.

예상 문제 p.84

1. 예시 답안 A 43

초급

〈조언하기〉	
문제 상황 확인	그런 고민이 있었군요. 수진 씨, 공부가 많이 힘들었나 봐요.
조언	그래도 대학교 생활도 잘해 왔는데 여기에서 포기하는 건 너무 아까운 것 같아요. 다시 생각해 보는 게 어때요?
이유	실패는 성공의 어머니라는 말도 있잖아요. 이번 대학원 입학시험에 떨어졌다고 해도 너무 속상해 하지 마세요. 포기하지 않고 열심히 하다 보면 좋은 기회가 다시 올 거예요. 수진 씨는 충분히 잘 할 수 있어요.

어휘 •포기하다 •실패는 성공의 어머니

2. 예시 답안 A 44

〈제안하기〉	
제안	그래? 아직 동아리에 가입 안 했어? 그럼 우리 K-POP(케이팝) 동아리에 가입하는 건 어때?
이유	나도 가입하고 보니까 내가 생각하지 못했던 장점이 많더라고. 예전에는 그냥 외우기만 했던 가사를 더 잘 이해할 수 있어. 그리고 나랑 비슷한 친구들이 동아리에 많더라. 관심 분야가 같은 사람들을 만나니까 이야기도 잘 통하고 시간 가는 줄 모르겠어. 시간 날 때 우리 동아리에 한번 와 봐.

어휘 •장점 •외우다 •가사 •통하다

3. 예시 답안 A 45

〈조언하기〉	
문제 상황 확인	아르바이트하랴 공부도 하랴 정말 힘들겠다.
조언	그런데 두 마리 토끼를 다 잡는 건 힘들어. 아르바이트랑 공부 중에서 지금 너한테 더 중요한 게 뭔지 잘 생각해 봐. 아르바이트 시간을 좀 줄여 보는 건 어때?
이유	한국에서 공부하려고 아르바이트를 하는 거잖아. 아르바이트를 한다고 공부를 못하는 건 좀 아닌 것 같아. 당장 아르바이트를 해서 버는 돈은 줄어들겠지만, 학업에 좀 더 집중하는 게 나중을 생각하면 더 나은 선택이라고 생각해.

어휘 • -(으)랴 • 학업 • 두 마리 토끼를 잡다

4. 예시 답안 A 46

〈의견 말하기〉	
의견	내 생각은 좀 다른데? 휴대폰을 빌리는 게 더 부담스러운 사람들도 있어.
이유	또 요즘은 모르는 사람이 휴대폰을 빌려 달라고 할 때 선뜻 빌려 주는 사람도 잘 없어. 휴대폰을 빌려 줬는데 그걸 악용하는 사람들이 있어서 말이야. 이런 뉴스를 자주 보니까 나도 모르는 사람이 휴대폰을 빌려 달라고 하면 안 빌려주고 싶을 것 같아.
재확인	그래서 나는 휴대폰을 안 가지고 왔을 때는 공중전화를 이용하는 게 더 편해.

어휘 • 공중전화 • 부담(을) 주다 • 선뜻 • 악용하다

5. 예시 답안 A 47

〈조언하기〉	
문제 상황 확인	주말까지 출근을 하면 여유가 없어서 힘들겠다.
제안, 조언	근데 모든 회사는 다 장단점이 있는 것 같아. 일단 너희 회사의 장단점 중 네가 극복할 수 있는 게 무엇인지 생각해 볼래?
이유	업무가 많지만 연봉이 높은 게 나은지, 아님 여유롭지만 연봉이 낮은 게 나은지 너한테 맞는 게 무엇인지 잘 생각해 봐. 장점보다 단점이 더 크게 느껴진다면 회사를 그만둬도 괜찮다고 생각해. 여러 조건의 장단점을 잘 생각해서 현명하게 잘 판단하면 좋겠다.

어휘 • 여유 • 장단점 • 연봉 • 현명하다 • 판단하다

6. 예시 답안 A 48

〈조언하기〉	
문제 상황 확인	층간 소음 때문에 잠을 잘 못 자서 힘들겠어요.
조언	일단은 윗집 사람들이랑 먼저 이야기를 해 보는 게 중요한 것 같아요.
이유	사실 자기 집에서 나는 소리가 얼마나 큰지 잘 모르는 경우가 많더라고요. 근데 이야기를 해도 계속 그러면 아파트 관리 사무실에도 말해 봐요. 관리 사무실에서 층간 소음을 조심하자고 방송을 해 주시더라고요. 거기까지는 안 가면 더 좋겠지만 층간 소음을 중재해 주는 곳에 민원을 신청하는 방법도 있어요.

어휘 • 층간 소음 • 윗집 • 중재하다 • 민원

7. 예시 답안 A 49

〈승낙 또는 거절하기〉	
승낙	좋아요. 그럼 저희 같이 저녁 식사하고 들어가요.
이유	저녁도 못 먹고 일했더니 배가 고프네요. 어떤 음식 좋아하세요? 제가 근처에 맛있는 고깃집을 아는데 거기에 가도 좋고요. 아니면 간단하게 비빔밥이나 김밥을 먹으러 가도 좋겠네요. 어떤 게 더 좋으세요?

공감	아, 어떡하죠? 저도 저녁 식사를 같이 하고 싶은데
거절	오늘은 좀 힘들 것 같아요.

이유	사실 아까 시간이 없어서 점심을 급하게 먹었더니 체한 것 같아요. 그래서 지금 몸이 별로 안 좋아요. 오늘은 집에 일찍 들어가서 쉬고 싶어요. 다음에 꼭 같이 식사해요.

어휘 •근처 •체하다 •별로

8. 예시 답안 A 50

〈의견 말하기〉	
의견	제 생각엔 남성 육아 휴직이 꾸준히 증가할 것 같아요.
이유	여자들의 사회 진출이 늘어났잖아요. 그럼 아빠들도 육아에 적극적으로 참여할 수밖에 없고요. 정부나 회사에서도 남성 육아를 권장하려고 육아 휴직 기간 동안 월급도 나오고 경력도 인정되게 바뀌었잖아요. 그래서 예전보다 남자들도 육아 휴직 신청을 하는 부담이 적어졌죠.
재확인	여러모로 남성의 육아 휴직을 긍정적으로 보는 시각이 많아져서 이 분위기가 계속 이어질 것 같아요.

어휘 •육아 휴직 •사회 진출 •육아 •권장하다
•인정 •부담 •여러모로 •시각

Chapter 5 자료 해석하기

실전 말하기 전략 p.106

4단계 A 51

자료에 따르면 초등학생이 가장 희망하는 직업이 2000년(이천 년)에는 선생님이었지만 2010년(이천십 년)에는 요리사, 2020년(이천이십 년)에는 IT(아이티) 관련 엔지니어로 변했다는 것을 알 수 있습니다. 그리고 2020년(이천이십 년)에 초등학생 희망 직업을 보면 이전에는 나타나지 않았던 엔지니어, 크리에이터, 뷰티 디자이너 등의 새로운 직업이 보입니다. 이러한 변화가 나타난 이유는 과학 기술 등의 변화로 직업이 다양해졌기 때문입니다. 이러한 현상이 사회에 미치는 영향은 부정적 측면과 긍정적 측면에서 살펴볼 수 있습니다. 먼저 새로운 직업이 뜨는 만큼 사라져가는 직업이 생길 수 있고, 힘든 일을 기피하는 현상이 생길 수 있다는 점에서 부정적 영향을 예상할 수 있습니다. 하지만 직업이 다양해지면서 자신의 개성을 살려서 일을 할 수 있고, 기존의 힘든 일은 인공 지능이 대신할 수 있다는 점에서 업무의 효율성과 생산성의 향상을 이룰 수 있다는 긍정적인 영향도 예상해 볼 수 있습니다.

연습 문제 p.107

① 예시 답안 A 52

빛은 인간이 살아가기 위해 꼭 필요한 존재이지만 최근 이러한 빛 공해로 인하여 수면 장애를 호소하는 사람들이 늘고 있습니다. 이러한 빛 공해는 사람뿐만 아니라 여러 동식물에도 부정적인 영향을 끼칠 수 있습니다. 오늘날 빛 공해는 낮과 밤의 구분을 없애 동식물의 성장을 방해할 수 있으며 야행성 동물의 활동에도 지장을 주는 등 생태계를 교란시킬 수 있습니다. 빛 공해로 인한 문제를 해결하기 위한 방법은 개인적인 차원과 국가적 차원에서 생각해 볼 수 있습니다. 우선 개인적 차원에서는 수면 시에 조명을 사용하지 않고 침실을 최대한 어둡게 유지하며 취침 전에는 스마트폰이나 컴퓨터 등의 조명에 노출되지 않는 것이 좋습니다. 국가적 차원에서는 골목길 등에 계속 켜져 있는 가로등이 아니라 움직임 감지 시스템을 설치하고 빛이 하늘로 향하는 것을 차단하는 하향 등을 설치하는 방법 등이 있을 것입니다.

② 예시 답안 A 53

자료에 따르면 2018년(이천십팔 년)부터 2020년(이천이십 년)까지 1인(일인) 가구는 꾸준히 증가하고 있습니다. 2018년(이천십팔 년)에 28%(이십팔 퍼센트)였던 1인 가구는 2020년(이천이십 년)에는 30%(삼십 퍼센트)로 증가했습니다. 이러한 상승세는 앞으로도 지속 돼 2025년(이천이십오 년)에는 1

인 가구가 33%(삼십삼 퍼센트)를 차지할 것으로 예상됩니다. 이처럼 1인 가구가 증가한 원인은 사회적인 요소와 개인적인 요소로 살펴볼 수 있습니다. 고용 불안과 경제 여건의 악화와 같은 사회적 원인으로 인해 비혼과 만혼이 증가하고 고령화로 독거노인도 늘어났습니다. 그리고 가족주의가 약화되면서 개인주의가 심화된 개인적인 가치관의 변화도 1인 가구 증가의 한 가지 원인으로 볼 수 있습니다. 1인 가구가 늘어남에 따라 1인 가구를 겨냥한 소비 시장이 확대될 것으로 보입니다. 예를 들어 1인 가구에 맞는 주거 형태, 식료품, 가전제품 등이 보다 다양하게 개발될 것으로 예상됩니다. 또한 외로움을 달래기 위해 반려동물을 키우는 사람들이 많아져 반려동물 산업도 더욱 확장될 것입니다.

예상 문제 p.109

1. 예시 답안 A 54

〈사회에 미치는 영향〉

자료에 따르면 2015년(이천십오 년)부터 2020년(이천이십 년)까지 5년간(오 년간) 국민 일 인당 택배 이용 횟수가 25회(이십오 회)에서 61.2회(육십일 점 이 회)로 증가했고, 같은 기간 온라인 쇼핑 구매율도 오프라인을 앞지른 것으로 나타났습니다. 이러한 변화가 나타난 이유는 온라인 시장의 규모가 점점 커지고 활성화되면서 택배 이용이 증가하였기 때문입니다. 과거에는 직접 매장에 가서 물건을 구입했다면 지금은 인터넷이나 모바일로 편하게 쇼핑을 하는 경우가 많아지다 보니 온라인 쇼핑이 늘었고 연이어 택배 이용 횟수도 증가하게 된 것입니다. 이러한 현상이 사회에 미치는 영향은 부정적 측면과 긍정적 측면에서 살펴볼 수 있습니다. 오프라인 매장에서 일하는 직원들의 입장에서 보면 일자리가 줄어든다는 점에서 이것은 부정적인 영향이라고 할 수 있습니다. 반면에 소비자의 입장에서 보면 편하게 가격을 비교하여 쇼핑을 할 수 있고, 택배 기사들의 일자리가 늘어나기 때문에 긍정적인 영향도 예상해 볼 수 있습니다.

어휘 •N당 (인당, 시간당, 마리당) •구매율 •규모 •활성화(되다) •연이어

2. 예시 답안 A 55

〈사회에 미치는 영향 + 해결 방안〉

자료에 따르면 2000년(이천 년) 이후 꾸준한 상승세를 보이고 있는 한국의 노인 인구는 2030년(이천삼십 년)에는 전체 인구 대비 24%(이십사 퍼센트)에 달하고, 2040년(이천사십 년)에는 32%(삼십이 퍼센트), 2050년(이천오십 년)에는 37%(삼십칠 퍼센트)에 달할 것으로 예상됩니다. 이러한 사회의 변화는 의료 기술의 발전과 저출산 현상으로 인해 더욱 가속화되고 있는 것으로 볼 수 있습니다. 이러한 노인 인구의 증가로 인하여 노인들의 경제적 불안 문제가 사회적으로 가중될 수 있으며 의료비 부담에 관한 문제와 함께 1인(일인) 노인 가구의 독거사와 같은 문제들이 함께 늘어날 수 있습니다. 이에 따라 노인들의 건강 문제에 대한 예방, 치료, 돌봄과 같은 사회적인 정책이 함께 고민되어야 하며 육아와 돌봄 문제를 해결할 수 있는 실제적인 방안들이 실행되어야 함을 예상할 수 있습니다.

어휘 •꾸준한 •상승세 •저출산 •가중(되다) •독거사 •돌봄

3. 예시 답안 A 56

〈사회에 미치는 영향 + 해결 방안〉

자료에 따르면 2018년(이천십팔 년) 0.92명(영 점 구이 명)이던 합계 출산율은 2020년(이천이십 년)에는 0.7명(영 점 칠 명)으로 나타나 지속적인 감소 추세를 보이고 있습니다. 다시 말해 가임 여성이 평생 한 명의 아이도 출산하지 않는다는 것을 의미합니다. 출산율 하락은 인구 감소의 시기를 앞당길 수도 있습니다. 이처럼 저출산이 지속되면 여러 가지 사회적 문제가 발생할 수 있습니다. 이 중 가장 큰 문제는 노동력 감소입니다. 노동력 감소는 국가 경제 성장에 부정적인 영향을 미칠 수 있습니다. 또한 청년 세대가 노년 세대를 부양하는 데 필요한 세금이 가중되어 세대 간의 갈등도 야기될 수 있습니다. 이런 저출산의 문제를 극복하기 위해서는 경제적 지원을 확대하고 육아 휴직 제도를 개선해야 한다고 생각합니다. 먼저 양육과 교육비에 대한 경제적 지원을 확대해 양육자의 부담을 줄여줘야 합니다. 또한 육아 휴직 제도를 활용할 경우 회사 내에서 불이익을 받지 않도록 제도를 개선하고 보완하는 것도 한 가지 방안이 될 것입니다.

어휘 •다시 말해/다시 말하면 •가임 •시기 •앞당기다 •노동력 •세대 갈등 •야기되다

4. 예시 답안 A 57

〈원인 + 해결 방안〉

해마다 음식물 쓰레기 발생량이 증가하고 있습니다. 자료에 따르면 2018년(이천십팔 년)부터 2020년(이천이십 년)까지 음식물쓰레기는 3만(삼 만) 톤이 증가했습니다. 이처럼 음식물 쓰레기 발생이 증가하는 원인은 푸짐한 상차림을 선호하는 문화로 인해 다 먹지 못하고 버려지는 음식물이 많기 때문입니다. 또한 생활 여건의 개선으로 외식이 증가해 음식점에서도 음식물 쓰레기가 많이 배출되는 것도 원인이라고 할 수 있습니다. 음식물 쓰레기를 줄이기 위해서는 다양한 방법이 있는데 그 중 하나로 포인트 제도를 생각해 볼 수 있습니다. 포인트 제도란 가정이나 업소에서 배출되는 음식물 쓰레기를 줄인 만큼 현금이나 포인트로 돌려받는 것입니다. 그리고 개인적으로 할 수 있는 방법은 음식물 쓰레기를 가능한 한 만들지 않는 것입니다. 먹을 만큼만 구입하고 조리하는 것, 음식점에서 남기지 않을 만큼 음식을 주문하는 것 등을

생활화하는 노력만이 이 문제를 가장 근본적으로 해결할 수 있는 방안이 아닐까 생각합니다.

어휘 •발생량 •푸짐하다 •상차림 •생활화하다 •근본적

5. 예시 답안 A 58

〈원인+해결 방안〉

자료에 따르면 지구의 기온이 시간이 갈수록 높아지고 있음을 알 수 있습니다. 2020년(이천이십 년) 지구의 온도는 1940년(천구백사십 년)도에 비해 1도(일 도) 이상 증가한 것을 알 수 있습니다. 제시된 자료의 증가 추세에 따르면 앞으로도 지구의 온도가 계속 올라갈 것을 예상할 수 있습니다. 지구 온난화의 대표적인 원인은 이산화탄소 배출이라고 할 수 있습니다. 이산화탄소 배출은 공장이나 발전소 같은 산업 시설에서 사용하는 연료나 자동차에서 배출되는 매연 때문에 발생합니다. 그리고 생활 속에서 사용하는 에어컨이나 냉장고에서도 이산화탄소가 배출되고 있습니다. 지구 온난화를 해결하기 위해서는 이산화탄소 배출을 제한하는 제도 마련과 친환경 에너지 개발이 필요합니다. 또한 에너지 절약 실천을 위해 개인이 일상생활에서 노력하는 것도 필요합니다. 예를 들어 자동차 대신에 대중교통 이용하기, 가까운 거리는 걸어 다니기, 전기 아껴 쓰기 등이 있습니다. 이러한 노력들을 통해 지구 온난화를 해결할 수 있을 것이라 생각합니다.

어휘 •기온/온도 •온난화 •연료 •배출(되다) •산업 •온실 효과 •절약하다

6. 예시 답안 A 59

〈원인+해결 방안〉

자료에 따르면 스마트폰 과의존 위험이 가장 높은 연령은 유·아동과 청소년으로 각각 16%(십육 퍼센트)와 29%(이십구 퍼센트)입니다. 특히 청소년은 10명(열 명) 중 3명(세 명)이 스마트폰에 과의존하고 있는 것으로 나타나 다른 연령에 비하여 청소년층에서 스마트폰 과의존 경향이 심각함을 알 수 있습니다. 인터넷이나 기기 사용이 익숙한 요즘 세대들의 스마트폰 사용 연령이 점점 낮아짐에 따라 스마트폰에 과의존하는 유·아동이나 청소년들의 비율이 높아지는 것으로 보입니다. 하지만 유·아동과 청소년들은 성인에 비해 스스로를 통제하는 것이 어렵기 때문에 더 쉽게 스마트폰에 중독될 수 있습니다. 유·아동과 청소년의 스마트폰 과의존을 줄이기 위해서는 스마트폰 사용에 대한 적절한 지도와 관리가 필요합니다. 스마트폰 사용을 무조건 금지하기보다 스마트폰 사용 시간과 사용법에 대한 것을 알려 주고, 스스로 조절할 수 있도록 도움을 주는 것이 중요합니다. 또한, 이미 스마트폰에 과의존하는 아이들에 대한 상담이나 적절한 치료 역시 필요할 것으로 보입니다. 유·아동의 경우에는 부모들의 행동을 보고 따라 하는 경향이 강하기 때문에 무엇보다 부모들이 스마트폰에 대한 의식을 바꾸어야 하며, 스마트폰을 습관적으로 보지 않기 위해 알람을 끄는 방법도 좋을 것 같습니다.

어휘 •과의존 •연령 •중독되다 •무조건 •상담 •의식

7. 예시 답안 A 60

〈원인+전망〉

자료에 따르면 2010년(이천십 년)부터 2020년(이천이십 년)까지 10년(십 년)간 전자책 독서율은 10.2%(십 점 이 퍼센트)에서 21.1(이십일 점 일 퍼센트)로 꾸준히 증가했습니다. 이러한 변화가 나타난 이유는 종이책과 달리 전자책이 가진 다양한 특성 때문입니다. 전자책을 읽는 이유를 살펴보면, 휴대의 편리성 덕분에 전자책을 읽는다는 응답이 45%(사십오 퍼센트)로 가장 높은 비율로 나타났습니다. 다음으로 다수의 책을 보관할 수 있어서는 35%(삼십오 퍼센트)로 그 뒤를 이었고, 다양한 기능이 있기 때문에는 17%(십칠 퍼센트), 기타 다른 이유는 3%(삼 퍼센트)를 차지했습니다. 이러한 원인으로 미루어 볼 때, 앞으로 전자책을 읽는 사람들은 꾸준히 증가할 것으로 보입니다. 이를 위해 전자책의 다양한 콘텐츠를 개발할 필요가 있습니다. 또한 전자책의 기술을 개선하여 편의성을 향상시키는 것도 중요한 과제 중 한 가지입니다.

어휘 •-와/과 달리 •휴대 •편리성 •콘텐츠 •개발 •개선 •향상

8. 예시 답안 A 61

〈사회에 미치는 영향〉

자료에 따르면 학생들은 비대면 수업을 선호하는 경향이 40%(사십 퍼센트)로 가장 높고 대면 수업을 선호한다는 대답이 24%(이십사 퍼센트)로 가장 낮게 나타났습니다. 이러한 변화는 최근 다양한 온라인 메타버스의 개발로 인해 이전의 일방향적이고 비효율적인 온라인 수업에서 쌍방향적인 실시간 수업으로 개선됐기 때문으로 볼 수 있습니다. 비대면 수업의 증가가 사회에 미치는 영향은 긍정적인 측면과 부정적 측면에서 생각해 볼 수 있습니다. 먼저 비대면 수업이 증가하면 시공간의 제약 없이 언제 어디에서든지 좋은 수업을 들을 수 있기 때문에 정보의 편차를 줄일 수 있다는 긍정적인 영향을 예상할 수 있습니다. 반면, 비대면 수업은 수업 외적으로 자연스럽게 이뤄질 수 있는 의사소통이나 사회성 교육이 이뤄지지 못한다는 점에서 교우 관계가 제한된다는 부정적인 영향을 예상해 볼 수 있습니다.

어휘 •비대면↔대면 •일방향↔쌍방향 •비효율↔효율 •실시간 •개선(되다) •시공간 •편차 •의사소통

Chapter 6 의견 제시하기

실전 말하기 전략 p.128

4단계 A 62

성공적인 은퇴 생활을 하기 위해서는 다음과 같은 조건이 필요하다고 생각합니다. 먼저 노후 자금입니다. 은퇴 이후에 가장 걱정이 되는 부분은 경제적인 문제입니다. 직업을 가지고 있을 때와 달리 고정적인 수입이 없기 때문입니다. 따라서 노후 자금을 미리 준비해야 합니다. 기본적인 생활을 하는 데 필요한 자금이 해결되지 않으면 생활하는 데에 여러 가지 제약을 받기 때문입니다. 또한 노인들의 경우 질병이나 건강상의 문제로 병원에 방문하는 일이 많아지기 때문에 미리 노후 자금을 준비해야 합니다. 다음으로 자기 계발이 필요합니다. 은퇴 이후에는 비교적 시간이 많이 생기는데 이 시간에 '무엇을 하며 지낼 것인가?'는 중요한 문제입니다. 자기 계발을 통해 삶을 유의미하고 보람 있게 보낼 수 있습니다. 또한 끊임없이 자기 계발을 하는 사람들은 신체적으로나 정신적으로 더 건강한 삶을 살 수 있습니다. 따라서 저는 노후 자금의 준비와 자기 계발이 성공적인 은퇴 생활에서 가장 중요한 조건이라고 생각합니다.

연습 문제 p.129

① 예시 답안 A 63

지속 가능한 발전을 위해서 우리가 개인적인 차원에서 할 수 있는 노력은 많이 있지만 그중 두 가지를 말씀드리고자 합니다. 먼저 일상생활에서 할 수 있는 가장 손쉬운 노력은 자원 절약의 생활화입니다. 구체적으로 보면 친환경 제품을 사용하는 것과 일회용품 사용을 줄이는 것이 대표적인 예가 될 수 있습니다. 이를 통해 쓰레기 배출을 최소화하고 자원을 절약할 수 있기 때문입니다. 우리는 개인의 소비가 사회에 미치는 영향을 고려하며 소비할 때 지속 가능한 발전을 이룰 수 있습니다. 다음으로 의식의 변화도 필요합니다. 우리는 모든 생명체의 권리를 존중하는 태도를 가져야 합니다. 나 자신의 권리뿐만 아니라 동식물 그리고 후손들의 권리도 존중해야 합니다. 또한 공동체 의식을 형성하는 것도 필요합니다. 나 한 명만 잘 사는 데 초점을 맞추는 대신 경제적인 자원, 기회의 분배에 대해서도 고민해야 할 것입니다. 다시 말해 저는 자원 절약의 생활화와 의식의 변화가 있으면 지속 가능한 발전을 이룰 수 있을 거라고 생각합니다.

② 예시 답안 A 64

찬성 입장

유전자 조작 기술을 활용한 맞춤 아기에 대한 찬반 의견이 분분합니다. 저는 맞춤 아기를 찬성하는 입장입니다. 선천적으로 유전 질환을 가지고 태어난 아이의 경우를 생각해 보십시오. 아이가 선천적으로 유전 질환을 가지고 태어나면 그 아이뿐만 아니라 주변의 가족들도 평생 고통스러운 삶을 살아가야 합니다. 하지만 유전자 조작 기술을 이용해 뱃속 아이의 선천적인 질환을 미리 제거할 수 있다면 어떨까요? 아이는 건강하게 태어나 일상적인 삶을 살아갈 수 있을 겁니다. 두 번째 이유는 유전 질환을 가진 채 태어난 아이를 치료하는 데는 많은 비용이 필요합니다. 하지만 선천적으로 유전 질환을 제거하는 비용은 이보다 훨씬 저렴하기 때문입니다. 따라서 아이와 가족이 겪어야 할 고통, 경제적인 이유들을 고려해 볼 때, 맞춤 아기는 긍정적인 측면이 많다고 생각합니다.

반대 입장

유전자 조작 기술을 활용한 맞춤 아기에 대한 찬반 의견이 분분합니다. 저는 맞춤 아기를 반대합니다. 맞춤 아기를 반대하는 이유로 두 가지를 말씀드리겠습니다. 먼저 맞춤 아기를 만드는 과정이 비윤리적인 행위이기 때문입니다. 부모가 원하는 키, 성격, 지능 등을 가진 아이를 만드는 일은 아이를 상품화하는 것과 같은 발상입니다. 마치 인간을 상품처럼 취급해 인간의 존엄성을 훼손하는 행위라고 생각합니다. 다음으로 맞춤 아기는 사회 불평등 문제를 야기할 수 있습니다. 이러한 기술이 악용될 경우 빈익빈 부익부 현상이 발생할 수도 있습니다. 부자들은 값비싼 유전자 조작 기술을 이용해 우수한 유전자를 가진 아이를 선택할 수 있기 때문입니다. 그렇게 태어난 아기는 좋은 환경에서 자라 또다시 좋은 유전자를 물려주게 되고, 이러한 과정이 반복된다면 불평등한 사회가 될 수 있습니다. 따라서 맞춤 아기가 비윤리적인 행위라는 점, 사회 불평등 문제를 발생시킬 수 있다는 점에서 저는 유전자 조작을 통해 아이를 만드는 것에 대해 반대합니다.

예상 문제 p.131

1. 예시 답안 A 65

견해 말하기

많은 사람들이 행복하게 살기 위해 경제적인 여유가 가장 중요하다고 생각합니다. 하지만 저는 행복한 삶을 살기 위해서 좋아하는 일을 하는 것이 중요하다고 생각합니다. 우리는 인생의 반 이상의 시간을 일을 하면서 보낸다고 합니다. 급여는 높지만 자신이 좋아하지 않는 일을 하면서 매일 스트레스를 받는다면 과연 행복한 삶이라고 할 수 있을까요? 돈을 떠나 자신이 정말 좋아하는 일을 하는 것이야말로 행복한 삶의 조건이라고 생각합니다. 그 다음은 작은 것에도 감사하고 만족하는 태도입니다. 항상 자신이 가지지 못한 것, 단점 등만 생각하면서 아쉬워하는 사람들이 있습니다. 그러면 행복한 삶을 살기란 힘들 수밖에 없습니다. 대신 지금 내가 가지고 있는 작은 것에도 감사한다면 하루하루가 행복해 질 수 있습니다. 그래서 저는 좋아하는 일을 하는 것과 긍정적인 태도, 이 두 가지가 행복하게 살기 위해 충족되어야 할 가장 중요한 조건이라고 생각합니다.

어휘 •경제적 여유 •급여 •하루하루 •충족되다

2. 예시 답안 A 66

견해 말하기

SNS(에스엔에스)는 Social Network Service(소셜네트워크서비스)의 줄임말로 페이스북, 인스타그램 등과 같은 서비스를 말합니다. 이런 SNS 덕분에 오늘날 많은 사람들이 시간과 공간의 제약 없이 다양한 사람들과 실시간으로 의사소통을 할 수 있습니다. 또한 나와 비슷한 관심사를 가진 사람들을 찾아 쉽게 친구가 될 수 있습니다. SNS를 통해 다양한 인맥을 만들 수 있죠. 하지만 SNS가 항상 좋은 영향만 주는 것은 아닙니다. SNS를 통해 끊임없이 상대방과 나를 비교함으로써 상대적인 박탈감을 느끼는 사람들이 많습니다. 상대적 박탈감이 심각해지면 우울증이 생길 수도 있습니다. 그리고 거짓 정보들이 정확한 정보인 것처럼 여론이 형성되고 확산되면서 특정인을 비난하고 공격하는 문제점들도 자주 볼 수 있습니다. 이처럼 SNS는 양면성을 가지고 있다는 점을 생각하고 현명하게 사용하는 태도가 필요하다고 생각합니다.

어휘 •줄임말 •제약 •인맥 •상대적 •박탈감 •여론 •형성되다 •확산되다 •특정인 •양면성 •현명하다

3. 예시 답안 A 67

견해 말하기

기부는 경제적인 여유가 있는 사람들만 할 수 있다고 생각하기 쉽습니다. 하지만 다른 사람에게 내가 가진 것을 나누려는 마음만 있다면, 지금이라도 기부를 시작할 수 있습니다. 돈이나 물건이 아니라 내가 가진 재능도 필요한 곳에 기부할 수 있기 때문입니다. 저는 소외 계층의 초등학생들에게 제 재능을 기부하고 싶습니다. 저는 대학에서 교육학을 전공했고, 학원에서 초등학생들에게 다양한 교과목을 가르친 경험이 있기 때문입니다. 소외 계층의 아이들은 여러 가지 열악한 환경 때문에 학습에 어려움을 겪고 있습니다. 반복된 학습 결손은 결국 자존감에도 부정적인 영향을 미칩니다. 따라서 저는 일주일에 한 번씩 소외 계층의 아이들을 만나 부족한 교과 학습을 지도해 주고, 아이들이 학습에 대한 동기와 흥미를 가질 수 있도록 제 재능을 기부하고 싶습니다.

어휘 •재능 •소외 계층 •교육학 •교과목 •열악하다 •학습 결손 •자존감 •동기

4. 예시 답안 A 68

▶ 찬반 주장하기

찬성 의견

부모의 재산을 받은 후 자녀가 부모를 외면하는 일을 방지하기 위한 불효자 방지법 시행에 대해 여러 의견이 있습니다. 저는 이 법이 꼭 있어야 한다고 생각합니다. 불효자 방지법은 고령화 시대 노후를 대비할 수 있는 한 가지 방법이기 때문입니다. 최근에 독거노인이나 버림받는 노인이 증가하고 있다고 합니다. 하지만 불효자 방지법을 시행하게 된다면 노인들의 안정적인 삶을 보장할 수 있을 것입니다. 그리고 자녀들이 부모의 재산만 받고 모르는 척하는 것은 비윤리적인 행위라고 생각합니다. 이러한 비윤리적인 행위를 방지하기 위해서라도 불효자 방지법은 꼭 필요합니다. 다시 정리하면 고령화 시대의 안정적인 노후 대비와 자식들의 비윤리적인 행위를 막기 위해서 저는 불효자 방지법을 추진하는 데에 찬성합니다.

어휘 •불효자 •외면하다 •고령화 시대 •버림받다 •시행하다 •비윤리적

반대 의견

부모의 재산을 받은 후 자녀가 부모를 외면하는 일을 방지하기 위한 불효자 방지법 시행에 대해 여러 의견이 있습니다. 저는 이 법이 시행되는 것에 대해 반대합니다. 부모를 공경하는 효는 법으로 강요해서는 안 되는 일입니다. 효는 마음에서 우러나올 때 의미가 있기 때문입니다. 또한 부모를 공경하는 문제는 개인의 책임에 맡겨야 한다고 생각합니다. 물론 부모에게 효도하는 것은 자식의 도리이지만, 이것을 법으로 강제하면 효의 의미가 사라지게 됩니다. 뿐만 아니라 불효자 방지법을 실행하게 되더라도 누가 불효자이고, 누가 효자에 해당하는지 그 경계가 매우 모호합니다. 그래서 이 법은 사실상 실효성이 없는 법이 될 것입니다. 저는 효도는 개인적인 책임으로 맡겨야 한다고 생각합니다. 그리고 불효자의 경계가 모호하기 때문에 불효자 방지법이 필요하다고 생각하지 않습니다.

어휘 •공경하다 •효 •강요하다 •우러나오다 •도리 •경계가 모호하다 •실효성

5. 예시 답안 A 69

▶ 찬반 주장하기

찬성 의견

노키즈존이 있어야 한다, 노키즈존은 너무하다라는 의견이 팽팽한데요. 저는 가게에서 노키즈존을 두는 것에 찬성하는 입장입니다. 노키즈존을 만드는 것은 가게 주인의 자유이기 때문입니다. 가게의 형태에 따라 어린이들이 함께 올 경우 안전사고가 발생할 수 있는 곳도 있습니다. 이런 곳에서 노키즈존을 만든다면 언제 어디에서 일어날지 모르는 아이들의

안전사고에 대한 부담에서 벗어날 수 있습니다. 실제 가게에 온 아이들이 문제를 일으키거나 다치게 되면 가게 주인이 법적으로 책임을 물어야 하는 일이 생기기 때문입니다. 노키즈존은 아이들의 안전을 위해서도 필요하다고 생각합니다. 안전사고에 대한 우려 외에 가게를 찾는 고객들의 편의를 위해서도 노키즈존은 필요하다고 생각합니다. 노키즈존이 있는 가게에서는 조용하고 편리한 서비스를 받을 수 있기 때문입니다. 저는 안전상의 이유, 고객들의 편의 때문에 노키즈존이 필요하다고 생각합니다.

어휘 •법적 •우려 •편의

반대 의견

노키즈존이 있어야 한다, 노키즈존은 너무하다라는 의견이 팽팽한데요. 저는 노키즈존을 반대하는 입장입니다. 노키즈존은 어린이를 배려하지 않는 차별적인 행위라고 생각하기 때문입니다. 한국은 지금 저출산 문제가 심각한데, 노키즈존을 만드는 것은 아이들에 대해 안 좋은 이미지를 심어준다고 생각합니다. 어린이 역시 우리 사회의 한 구성원으로서 차별받지 않아야 하는 권리를 가지고 있습니다. 또한, 일부 어린이나 부모들의 문제를 확대 해석하여 노키즈존을 만드는 것은 지나친 일반화의 오류라고 생각합니다. 모든 아이들이나 부모가 가게의 영업을 방해할 만큼 큰 문제를 만드는 것은 아닙니다. 이는 극히 일부에 해당하는 사람들의 경우입니다. 그리고 그 문제는 어린이뿐만 아니라 여자, 남자, 어른, 노인 할 것 없이 가게를 찾는 사람들 모두에게 있을 수 있는 문제라고 생각합니다. 따라서 저는 노키즈존을 만드는 것에 대해 반대합니다.

어휘 •저출산 •구성원 •확대해석 •일반화의 오류 •극히

6. 예시 답안 A 70

견해 말하기

예술 교육이란 음악이나 미술 등과 같은 예술을 학교에서 가르치는 것을 말합니다. 이런 예술 교육은 학생들의 창의력을 키우기 위해서 꼭 필요하다고 생각합니다. 특히 21세기(이십일 세기)는 창의성이 각광받고 있습니다. 예술 교육은 획일적인 답을 요구하는 대신 학생들의 다양성을 인정하고 개개인의 경험을 중요시합니다. 예술 교육을 통해 학생들이 자신의 몸을 자유롭게 움직여 보는 것, 음악을 들으며 심미적인 감동을 느끼는 것, 자신의 생각을 다양한 방법으로 표현해 보는 것 등은 창의력을 향상하는 데 많은 도움을 줄 수 있습니다. 또한 예술 교육을 통해 학생들은 공동체 의식을 향상시킬 수 있습니다. 혼자 공부하는 국어, 수학 과목과는 달리 음악이나 미술, 연극 과목은 자신의 감정을 표현하고 상대방의 감정을 이해하는 과정을 거치게 됩니다. 이 과정을 통해서 학생들은 협동심, 책임감 등을 배울 수 있고 공동체 의식도 향상시킬 수 있습니다. 따라서 저는 학생들의 창의성과 공동체 의식을 향상하기 위해서 예술 교육은 필요하다고 생각합니다.

어휘 •창의성 •21세기 •각광받다 •공동체 의식 •향상시키다 •과목 •과정 •거치다 •협동심 •책임감

7. 예시 답안 A 71

견해 말하기

교통과 통신 등의 발달로 우리는 지금 세계화 시대에 살고 있는데요. 저는 세계화 시대에 다양한 문화를 이해하는 태도가 필요하다고 생각합니다. 자신이 속한 나라의 문화만 옳다고 생각하고 다른 나라의 문화를 배척한다면 어떤 일이 발생할까요? 이런 태도는 다른 문화권과 갈등을 유발할 수 있을 뿐만 아니라 국제적인 고립도 야기할 수 있습니다. 그 다음은 책임감입니다. 세계화로 국가 간의 무역이 활발하게 이루어지면서 환경 문제가 더욱 심각해지고 있습니다. 환경 문제는 전 세계가 협력해서 해결해야 한다는 책임감을 가져야 합니다. 그래야 오늘날 범세계적으로 나타나는 환경 문제에 대응할 수 있다고 생각합니다. 다시 말하면 저는 다양한 문화를 이해하는 태도와 책임감, 이 두 가지가 세계화 시대에 필요한 태도라고 생각합니다.

어휘 •배척하다 •국제적 •고립 •협력하다 •범세계적 •대응하다

8. 예시 답안 A 72

▶ **찬반 주장하기**

찬성 의견

보행 중 흡연 금지 법안을 추진하는 것에 대해 여러 의견이 있습니다. 저는 보행 중 흡연을 금지하는 것을 적극 찬성합니다. 보행 중 흡연을 하는 사람들로 인해 다른 사람들이 간접흡연에 노출될 수 있기 때문입니다. 저 역시 길에서 담배를 피우면서 지나다니는 사람들 때문에 원치 않는 담배 연기를 맡은 경험이 많습니다. 이러한 행동은 다른 사람에게까지 피해를 주는 행동이기 때문에 제재를 받아야 한다고 생각합니다. 길거리에는 간접흡연에 취약한 어린이, 노인, 환자들도 있습니다. 이 사람들이 아무런 방어도 할 수 없이 간접흡연에 노출되게 됩니다. 또한 보행 중 흡연 때문에 길거리에 많은 담배꽁초들이 버려져 있습니다. 따라서 저는 정해진 흡연 장소에서만 담배를 피울 수 있도록 보행 중 흡연을 규제해야 한다고 생각합니다.

어휘 •보행 •노출되다 •원치 않다 ↔ 원하다 •제제를 받다 •취약하다 •담배꽁초 •규제하다

반대 의견

보행 중 흡연 금지 법안을 추진하는 것에 대해 여러 의견이 있습니다. 저는 보행 중 흡연을 금지하는 것에 반대합니다.

보행 중 흡연을 금지하는 정책은 개인의 흡연권을 침해하는 행위라고 생각합니다. 이런 식의 규제는 흡연자들의 권리를 전혀 보장하지 않는 것입니다. 금연 구역이나 금연 지역 등은 점점 늘어나는데 흡연자를 배려한 정책은 늘지 않습니다. 어디에서나 담배는 쉽게 구매할 수 있게 해 놓았지만 담배를 피울 수 있는 장소는 너무 부족한 상황입니다. 그리고 담배세는 점점 높아지는데 흡연자를 위한 정책은 전혀 없는 실정입니다. 따라서 담배를 통해서 걷는 세금의 일부는 흡연자들의 권리를 증진시키기 위해서 사용되어야 합니다. 흡연자들이 길에서 담배를 피울 수 있는 권리도 충분히 보장받아야 합니다. 따라서 저는 보행 중 흡연 금지 법안을 반대합니다.

어휘 •정책 •침해하다 •담배세 •증진시키다

Chapter 7 실전 모의고사

실전 모의고사 1회 p.140

1. 질문에 대답하기 A 73

초급

저는 늦게 일어나는 습관이 있어요. 이 습관 때문에 학교에 지각도 많이 했어요. 그래서 성적도 좋지 않았어요. 이제 이 습관을 고치고 싶어요. 이 습관을 고치기 위해서 일찍 자는 습관을 기르려고 해요. 그러면 일찍 일어날 수 있을 것 같아요.

중·고급

저는 늦게 자고 늦게 일어나는 안 좋은 습관이 있어요. 보통 늦게까지 휴대 전화를 하거나 게임을 하느라 늦게 자는데 이것 때문에 아침에도 늦게 일어나서 학교에 지각한 적도 많아요. 그래서 솔직히 말하면 성적도 좋지 않은 편이에요. 하지만 이제 이 습관을 고치려고 해요. 이 습관을 고치기 위해서 먼저 일찍 자는 습관을 기르려고요. 그러기 위해서 밤늦게는 휴대 전화를 꺼 두고 게임은 정해진 시간에만 하려고 해요.

2. 그림을 보고 역할 수행하기 A 74

초급

며칠 전에 바지를 샀어요. 그런데 저한테 좀 짧은 것 같아요. 집에서 한 번만 입어봤는데 혹시 조금 더 긴 바지로 바꿀 수 있어요? 영수증도 갖고 왔어요.

중·고급

며칠 전에 이 바지를 샀는데 집에 와서 입어보니 저한테 좀 짧아서 불편하네요. 집에서 한 번만 입어봤는데 혹시 기장이 조금 더 긴 바지로 교환 가능할까요? 색깔하고 사이즈는 동일하면 좋겠고요. 영수증은 여기 있어요.

3. 그림을 보고 역할 수행하기 A 75

초급

재민 씨가 친구 생일 선물로 장갑을 샀어요. 친구에게 생일 선물을 보내려고 우체국에 갔어요. 택배의 무게를 재고 계산했어요. 그리고 친구에게 전화를 했어요. 이틀 후 친구가 재민 씨의 선물을 받았어요. 선물을 받은 친구는 아주 기뻤어요.

중·고급

재민 씨는 친구 생일을 맞아 선물로 장갑을 샀어요. 친구에게 생일 선물을 보내려고 우체국에 갔어요. 저울 위에 택배를 올려 무게를 재고 계산을 했어요. 그리고 집으로 돌아와 친구에게 생일 선물을 보냈다고 전화를 했어요. 이틀 후 친구는 재민 씨의 선물을 받았어요. 눈이 내리는 겨울에 꼭 필요한 선물을 받은 친구는 정말 기뻤어요.

4. 대화 완성하기 A 76

글쎄, 나는 마감 할인 물건은 안 사고 싶어. 유통기한이 얼마 안 남았거나 덜 신선한 것들이 대부분이잖아. 할인가로 적혀 있으니까 좀 더 저렴해 보여서 충동구매를 하지만 당장 다 먹는 게 아니면 버리는 게 더 많아. 지난번에도 마감 할인하는 것들을 샀다가 금방 상해서 거의 다 버렸잖아. 그냥 먹고 싶을 때 신선한 것들로 조금씩 사 먹는 게 더 현명한 소비라고 생각해.

5. 자료 해석하기 A 77

자료에 따르면 2015년(이천십오 년)부터 2020년(이천이십 년)까지는 미세먼지 나쁨 일수가 지속적으로 증가한 것으로 나타났습니다. 특히 2020년(이천이십 년)에는 2019년(이천십구 년)에 비해 미세먼지 나쁨 일수가 급격히 증가했습니다. 미세먼지 농도가 계속 나빠지면 인체에 악영향을 미치게 됩니다. 예를 들어 미세먼지는 호흡기 및 심혈관 질환을 유발할 수 있습니다. 또, 미세먼지는 발암물질이기 때문에 폐암 발생률도 증가시킬 수 있습니다. 따라서 미세먼지 농도가 높은 날은 실외 활동을 삼가는 것이 좋습니다. 또한 면역력을 높일 수 있도록 영양가 있는 음식을 섭취하고 휴식을 취하는 것이 필요합니다.

6. 의견 제시하기 A 78

(1)

텔레비전 프로그램을 보면 간접 광고들이 많이 등장하고 있다는 것을 알 수 있습니다. 저는 간접 광고를 찬성하는 입장입니다. 좋은 배우와 좋은 콘텐츠를 만들기 위해서는 많은 돈을 투자해야 하는데 제작비만으로 해결하기에는 한계가 있습니다. 하지만 간접 광고를 통해 수익을 창출하면 좋은 배우를 섭외하고 우수한 콘텐츠를 만드는 데에 사용할 수 있습니다. 이는 텔레비전 프로그램의 질을 높이는 데 직접적인 영향을 미칩니다. 뿐만 아니라 간접 광고를 통해서 소비자들은 제품에 대한 정보를 얻을 수도 있습니다. 일반 광고가 가지는 과대광고보다 텔레비전 프로그램 속에서 자연스럽게 노출되는 간접 광고가 더 실질적인 정보를 제공할 수도 있습니다. 저는 텔레비전 프로그램의 질을 높이고 소비자들에게 다양한 정보를 제공한다는 점에서 간접 광고를 적극 찬성하는 입장입니다.

(2)

텔레비전 프로그램을 보면 간접 광고들이 많이 등장하고 있다는 것을 알 수 있습니다. 저는 텔레비전 프로그램의 간접 광고를 금지해야 한다고 생각합니다. 간접 광고는 텔레비전 프로그램의 질을 떨어뜨릴 수 있습니다. 예를 들어 드라마 내용과 전혀 관련 없는 제품이 갑자기 등장하거나, 동일한 상품을 계속적으로 노출하는 것은 시청자의 눈살을 찌푸리게 합니다. 이러한 부자연스러움은 결국 프로그램의 질을 하락시키는 일이 될 것입니다. 그리고 간접 광고는 시청자의 권리를 빼앗는 행위입니다. 일반 광고는 소비자가 보고 싶지 않으면 다른 채널로 돌리면 되지만 간접 광고는 시청자에게 선택의 여지를 주지 않습니다. 드라마를 보는 도중에 상품이 일방적으로 노출이 되기 때문에 시청자의 시청권을 침해하는 것이라고 할 수 있습니다. 저는 텔레비전 프로그램의 질을 떨어뜨리고 시청자의 권리를 빼앗는다는 점에서 간접 광고를 금지해야 한다고 생각합니다.

실전 모의고사 2회 p.143

1. 질문에 대답하기 A 79

초급

제가 좋아하는 계절은 여름이에요. 저는 수영을 좋아해요. 여름에는 바다에서 수영을 할 수 있어요. 이번 여름에도 바다에서 수영을 했어요. 정말 즐거웠어요.

중·고급

저는 여름을 가장 좋아해요. 제가 즐겨하는 운동 중 한 가지가 수영인데, 여름에는 해수욕장에서 마음껏 수영을 할 수 있기 때문이에요. 이번 여름에도 친구들이랑 해운대 해수욕장에 갔어요. 시원한 바다 속에서 수영을 하니까 스트레스도 풀리고 더위도 사라지는 기분이었어요.

2. 그림 보고 역할 수행하기 A 80

초급

오늘 아침에 지하철에서 가방을 잃어버렸어요. 주황색이에요. 인형이 달려있어요. 가방 안에 책이랑 우산도 있어요.

중·고급

오늘 아침에 지하철에 가방을 놓고 내렸어요. 주황색 가방인데 노란색 곰 인형이 달려 있어요. 가방 안에는 책이랑 우산도 들어 있고요. 저한테 중요한 물건이라서 꼭 찾아야 하는데요. 혹시 분실물 중 제 가방이 여기 있을까요?

3. 그림 보고 역할 수행하기 A 81

초급

먼저 어묵을 썹니다. 그 다음 냄비에 물을 넣고 끓입니다. 물이 끓으면 냄비에 어묵과 떡을 넣습니다. 그리고 고추장과 함께 떡볶이 양념을 넣어 끓입니다. 그러면 떡볶이가 완성됩니다.

중·고급

떡볶이를 만들기 위해서는 먼저 어묵, 떡, 고추장 등의 재료를 준비해야 해야 합니다. 어묵을 먹기 좋은 크기로 썰어 줍니다. 그 다음 냄비에 500ml(오백 밀리리터) 정도 물을 붓고 끓입니다. 아까 썰어 놨던 어묵이랑 준비한 떡도 냄비에 넣어 줍니다. 그 위에 고추장과 함께 양념을 넣어 끓이면 맛있는 떡볶이가 완성됩니다.

4. 대화 완성하기 A 82

열심히 공부했는데 시험을 잘 못 봐서 많이 속상했겠네요. 다음번에는 시험을 보기 전에 꾸준히 이미지 트레이닝을 해 보세요. 그리고 긴장이 될 때 심호흡을 해 보는 건 어때요? 평소에 시험 보는 장소나 분위기를 떠올리면서 이미지 트레이닝을 하다보면 시험을 볼 때 긴장을 덜 하게 되거든요. 그리고 심호흡도 긴장을 완화시키는 데 정말 좋아요. 다음번에는 긴장하지 말고 시험을 잘 보길 바라요.

5. 자료 해석하기 A 83

자료에 따르면 직장인이 선정한 좋은 직장의 조건으로 워라밸 보장이 45%(사십오 퍼센트)로 1위(일위)를 차지했습니다. 이를 통해 직장인들이 물질적 보상보다 일과 삶의 균형을 더 중요하게 생각하고 있음을 알 수 있습니다. 이러한 결과가 나타난 이유는 두 가지로 정리해 볼 수 있습니다. 먼저 평균 수명의 연장으로 평생직장의 개념이 사라진 사회적 배경을 생각해 볼 수 있습니다. 이에 따라 조직보다는 개인의 삶을 중요시하는 경향이 나타났기 때문입니다. 다음으로 물질적인 보상보다는 개인의 만족과 행복이 더 중요하다는 가치관의 변화도 영향을 주었습니다. 워라밸을 중요시하는 사람들이 증가함에 따라 다양한 자기 계발을 통해 성장의 기회를 가질 수 있습니다. 또한 에너지와 시간을 적절히 분배해 업무 효율을 높일 수 있는 긍정적인 영향도 예상해 볼 수 있습니다.

6. 의견 제시하기 A 84

(1)

대중문화는 사회에 긍정적인 영향을 주기도 하고 부정적인 영향을 주기도 합니다. 하지만 저는 대중문화의 사회적 순기능이 더 크다고 생각합니다. 먼저 많은 사람들이 보편적으로 문화를 누릴 수 있다는 점입니다. 오래 전 신분 사회에서 문화란 특권층만 누릴 수 있는 것이었습니다. 하지만 현대 사회는 누구나 대중문화를 즐기며 자신의 여가를 즐겁게 보낼 수 있습니다. 이처럼 대중문화는 문화를 보편적으로 공유하는 데 중요한 역할을 담당하고 있습니다. 다음은 소비자도 새로운 문화를 창조할 수 있다는 점입니다. 영화나 가요는 대중의 요구에 맞아떨어질 때에만 성공할 수 있습니다. 그래서 대중문화의 창작자들은 대중의 의식이나 요구를 반영하기 위해서 노력합니다. 이 과정에서 대중은 새로운 문화를 창조하는 데 중요한 역할을 한다고 볼 수 있습니다. 따라서 저는 문화를 보편적으로 공유하고 소비자가 새로운 문화를 창조한다는 점에서 대중문화가 사회에 긍정적인 영향을 미친다고 생각합니다.

(2)

대중문화는 사회에 긍정적인 영향을 주기도 하고 부정적인 영향을 주기도 합니다. 하지만 저는 대중문화의 역기능이 더 크다고 생각합니다. 먼저 문화의 저속화입니다. 대중문화는 대중들의 흥미를 끌어야 하기 때문에 자극적이고 선정적인 콘텐츠가 많습니다. 이런 콘텐츠만 계속 생산되다보면 문화의 질적 수준이 하락할 수 있습니다. 다음으로 문화의 획일화입니다. 대중문화는 그 수와 성격이 한정되어 있어서 대중의 의식과 취향을 획일화합니다. 문화가 획일화되면 개인의 개성과 창의성은 상실될 위험이 있습니다. 또한 다양한 문화의 발전을 저해하는 문제점도 있습니다. 따라서 저는 대중문화가 문화의 저속화와 획일화를 초래한다는 점에서 사회에 부정적인 영향을 미친다고 생각합니다.

실전 모의고사 3회 p.146

1. 질문에 대답하기 A 85

초급

저는 최근에 신발을 샀어요. 마음에 들어요. 아주 편안하고 가벼워요. 그리고 예뻐요. 여러 가지 옷에 모두 잘 어울려요.

중·고급

저는 얼마 전에 신발을 샀어요. 원래 신던 운동화가 낡아서 새 신발을 사야 했는데, 우연히 마음에 드는 신발을 발견했어요. 디자인도 마음에 들고 발도 편안해요. 무엇보다 여러 옷에 두루두루 잘 어울려서 활용도가 높아요.

2. 그림 보고 역할 수행하기 A 86

초급

나는 이번 주 토요일에 도서관에서 하루 종일 공부할 거야. 그리고 일요일 오전에는 우리 집 유리창 청소를 하려고 해. 청소 후에는 친구랑 같이 영화관에 가서 영화를 볼 거야.

중·고급

나는 이번 주 토요일에 도서관에서 하루 종일 공부를 할 거야. 그리고 일요일 오전에는 미뤄뒀던 집안일을 좀 하려고. 유리창에 얼룩이 많아서 유리창 청소를 할 거야. 청소를 다 끝내고 나서 오후에는 친구랑 같이 영화관에서 영화를 볼 거야.

3. 그림 보고 역할 수행하기 A 87

초급

면접 하루 전 지혜 씨가 거울 앞에서 면접 연습을 하고 있어요. 면접 날이 되었어요. 지혜 씨 옆 사람이 답변을 못 해 당황해해요. 하지만 열심히 준비한 지혜 씨는 대답을 잘했어요. 지혜 씨는 합격을 했고 눈물이 날 만큼 정말 기뻤어요. 지혜 씨 친구들도 축하해 줬어요.

중·고급

면접이 코앞에 다가왔어요. 면접 하루 전날 지혜 씨는 거울을 보면서 열심히 면접 연습을 하고 있어요. 드디어 면접 날이 되었어요. 두 사람이 함께 면접을 보는데 지혜 씨의 옆 사람이 먼저 질문을 받았고 옆 사람은 질문에 대답을 못 해 당황해했어요. 하지만 지혜 씨는 여유 있고 편안하게 면접관들의 질문에 대답을 잘했어요. 합격 통보를 받은 지혜 씨는 눈물이 날 만큼 기뻤어요. 그리고 친구들도 모두 함께 축하해 줬어요.

4. 대화 완성하기 A 88

전 가끔 그런 파파라치 사진 볼 때마다 사생활 침해가 너무 심하다고 생각해요. 연예인이라고 모든 사생활을 밝히고 싶은 건 아니잖아요. 그런 게 아니더라도 기삿거리는 충분히 많고요. 정작 본인의 허락 없이 너무 자극적인 사진이나 사생활을 마구 올리는 것 같아서 사실 보기 불편할 때가 있어요. 연예인이더라도 극히 개인적인 사생활은 침해하지 않아야 한다고 생각해요.

5. 자료 해석하기 A 89

자료에 따르면 학년과 수면 시간은 반비례하고 있음을 알 수 있습니다. 학년이 높아질수록 수면 시간은 감소하고 있다는 걸 확인할 수 있습니다. 특히 고등학생의 평균 수면 시간은 6시간(여섯 시간)밖에 되지 않는데, 이것은 청소년 권장 수면 시간에 비해 3시간(세 시간)이나 모자란 것입니다. 청소년 수면 부족에 가장 큰 원인은 이른 등교 시간과 방과 후 학습 활동으로 볼 수 있습니다. 학교에서 배운 것 외에 더 공부해야 한다는 학업 부담은 청소년들의 수면 시간을 빼앗고, 결국 충분한 수면을 하지 못하고 이른 시간에 학교에 등교하기 때문입니다. 따라서 청소년들의 수면 부족은 문제를 해결하기 위해서는 이른 등교 시간을 조정할 필요가 있습니다. 또한 장기적인 수면 부족은 청소년들의 신체적 정신적 건강에 부정적인 영향을 미칠 수 있기 때문에 충분한 수면 시간 확보의 중요성을 인식할 수 있는 교육을 실시해야 할 것입니다.

6. 의견 제시하기 A 90

자신의 일생에 진정한 친구 두 명만 있어도 성공한 인생이라는 말이 있습니다. 우리는 많은 친구들과 사귀며 시간을 보내곤 하지만 모두가 진정한 친구가 되는 것은 아닙니다. 진정한 친구는 나의 성공을 진심으로 기뻐해 줄 수 있는 사람이라고 생각합니다. 슬픈 일이 있을 때, 위로와 격려의 마음을 전하는 일은 어렵지 않습니다. 반면에 친구가 성공했을 때 시기하거나 질투하지 않고 진심으로 축하해 줄 수 있는 사람은 몇몇 없다고 합니다. 그러니까 진정한 친구는 슬픈 일뿐만 아니라 기쁜 일도 진심으로 마음을 나눌 수 있어야 합니다. 그 다음은 편견 없이 상대방의 모든 것을 수용해 줄 수 있는 사람입니다. 사람은 누구나 장단점을 가지고 있습니다. 진정한 친구는 상대방의 단점을 비난하거나 흠잡지 않고, 단점도 그 친구의 일부분이라고 생각해 줄 수 있는 사람이라고 생각합니다. 저는 친구의 성공을 진심으로 기뻐해 줄 수 있는 사람, 상대방의 모든 것을 수용해 줄 수 있는 사람이 진정한 친구라고 생각합니다.

한글파크

한글파크는 한국어 교재 출판사이자 전문 서점입니다

한국어능력시험

COOL TOPIK

말하기

정답 및 해설

Since1977

시사 Dream,

Education can make dreams come true.